2022虎年
開財運賺大錢

奇門風水造吉財運滾滾來！

吉 × 財

易經論股精準解讀台股趨勢

易經理財專家　**陶文**——著

股市黃曆 ╱ 12生肖、東方古星座開運 ╱ 奇門風水

投資理財、
易經卦象、另類觀點

事業、情緣、健康
開運指南報你知

流年、流月運勢
看了就能趨吉避凶

【自序】

龍行虎變，展翅高飛

雞蛋從外敲破是食物。

雞蛋從裡面向外突破是生命，也是蛻變。

疫情逼迫我們蛻變，

而壬寅太歲提供我們機會。

2022的太歲星同時也提供我們飛躍的機會，

天星盤中的紙鳶就是我們航向新生命的飛航器。

你可以抱怨疫情，

你也可以除舊布新創造新轉機。

蛻變是偉大的，

也許真的是被疫情所逼迫的，

但肯定可以從建立新的生命節奏開始。

決心加上策略就是三陽開泰，

計劃加行動就有機會虎虎生風。

祝福好友們，

壬寅虎年龍行虎變，展翅高飛，

開財運賺大錢。

目錄

🏮 新春開財運行事曆

🏮 易經論股精準獲利

【國運經濟與台股趨勢】疫情影響投資市場，回歸基本面作長線布局

風水造吉財源滾滾

✻ 生肖開運招財迎福

【生肖運勢總論】主動出擊，掌握大好商機

星座運勢深度解析

【星座運勢總論】紙鳶翱翔，虛實飄動

壬寅年

新春開財運行事曆

新春奇門遁甲，開運造吉

　　壬寅虎年在「辰次」時序上是個「三陽開泰」的流年，太歲的干支五行結構是水生木，天生地的特質，讓這一天充滿生機。此種太歲氣數結構出現「學習、成長、出發、開創、轉變、衍生」的氣息，這是太歲星所賜予的禮物，也是我們該掌握的流年課題。換言之，這是個充滿機會的流年，不論你有沒有做好準備，開始行動就會逐步準備好，開始行動就對了。

　　2022是個特殊的年，雖然可以說百廢待舉，也可以說百業待興，不過只要稍稍轉個身，機會就在你的旁邊。「東方古星座」的流年關鍵星盤中，出現一只翱翔的紙鳶，此種星象代表的是轉變與起飛，有許多的關鍵蛻變正在進行中，而此種現象在2013年出現，仔細回想一下2013年發生什麼大事情，如4G釋照、第三方支付業務開放、開放人民幣業務、「安倍經濟學」風起雲湧、微軟收購諾基亞、國際金價創三十餘年的最大跌幅………。2013年紙鳶的領導行星是冥王星，因此政治問題格外明顯，而2022年的紙鳶引導行星是太歲星（木星）與水星，所以成長與蛻變是這一年的流年特質，而這也是後疫情時代的必須。有意思的是，「飛星派風水學」的流年風水磁場也出現類似的現象，那就是和2013年相同的「九星歸位」現象再度出現。9年出現一次的「九星歸位」，代表九個星曜都回到各自的故鄉，能量都以倍數的方式成像，於是「大好大壞」成為這一年整體環境的描述。一個

重要的課題出現了，那就是該如何布局，該如何努力，才會放大「大好」，而把「大壞」壓縮下來。

整體而言，那就是回歸到太歲星的氣數結構，從學習開始，行動掌握機會，開拓性的轉變讓機會獲得衍生性的發展。後疫情時代，你準備好的嗎？開始行動就對了！

壬寅虎年風水方位旺運祕訣

太歲方：（大財富方）

壬寅年的太歲方在「東北偏東」的「寅辰次」。「太歲星」是一年的主帥星，因此「太歲方」也是一年氣勢最強的位置。因此有此說法「太歲可坐，不可向」，坐在「太歲方」容易借助「太歲星」的氣勢，讓運勢變得更強，運勢更興旺。如果公司的主事者無法安座在「太歲方」，那麼這個方位最好擺放代表公司的精神物件。值得一提的是，居於「太歲頭上不可動土」的說法，「東北方」不適宜進行重大的修造工程。

2022年的「東北方」正巧是「大財富星」回歸的位置，因此居家和辦公室都有必要在這個方位擺放招財納福的擺件。今年雖然是虎年，而「東北方」也是老虎的家，不過還是不建議擺放或懸掛老虎擺件與圖騰。「聚寶盆」是最好的旺財聖品，自己製作，心誠則靈，製作法請參考風水造吉篇。另外建議擺放水晶礦石，借助自然的力量讓公司運作更穩健，居家生活更豐富圓滿。

歲破方：（病符方）

「歲破」就是「沖太歲」。壬寅虎年的「太歲方」在「東北偏

東」的「寅辰次」，因此位於「西南偏西」的「申辰次」就成為「歲破方」。常言道「太歲可坐，不可向」，向太歲就是與太歲星對沖，這是個不平安的位置。公司的重要部門和主事人員能閃則閃，而家中年長或體弱的家人也最好避開這個方位設臥房。如果無法搬遷，那麼就該有化解的策略，那就是擺放「帝王水」（製作法請參考風水造吉篇），持續一整年。對於公司來說，建議擺放可以「化煞為權」的開運擺件就是「白水晶簇」，還有特殊製作的「小羅盤」。

2022年的「西南方」也是「病符星」回歸的位置。「二黑巨門星」是「病符星」也是一級凶星。這顆凶星需要強大的化煞法，千萬不要讓疫情有機會找上門。由於「太歲驛馬星」也飛臨到「西南方」，因此此處的化煞有助於「車關」的化解。擺放「帝王水」是必須，而擺放白色花瓶也具有平平安安的好運象徵。

文昌位：

流年「文昌星」有兩種，「文昌位」有的時候會出現在兩個位置上。首先讓我們來認識比較少人知道的「太歲文昌位」，這是「太歲星」展現機會的地方，那就是「東北方」，也是太歲方。這個位置的造吉與開運擺飾請參考風水造吉篇。想直接獲得醒悟，那此處宜乾淨明亮，擺放花卉盆栽或插香水百合，並在醒目地方，張貼心中最大的願望，讓夢想可以成真。另一種「文昌星」是「飛星派風水」的「四綠文昌星」。2022年的流年「文昌星」回歸到「東南方」，由於這個位置同時也是「太歲偏財祿星」和「陰貴人」的位置，因此居家和辦公室的「東南方」布局得當，不但可以興事業，也可以旺業績，還可以接受「暗貴人」的照拂。此處需要窗明几淨，還需要鳥語花香，因此花卉和音樂是開啟「文昌財富星」正能量的好策略。

新春開運祕笈

步驟 1 除殘：（接天心開運法）

台灣諺語：「大拼厝，才會大富貴。」指的是年底的大掃除，除舊布新迎新年。因此「除殘」就是「除塵」，把舊的一年中積累的「晦氣」清掃出門，準備迎接新年新氣象新的好運道。在「飛星派風水學」中則稱之為「接天心」，這個用詞原來是出現在「元運」的交替上，不過年與年之間的交替也適用，亦即將舊有的負能清除，迎接新的正能量進入屋宅。雖然也有人把「除殘」和「清鈍」搞在一起，不過陶文這裡說的「除殘」指的就是「大掃除」。

既然是「大掃除」，也是要將「晦氣」清除，那麼「除殘」的日子就有好好選擇的必要。在農民曆上可以看到每個日子都有一個「十二建除神」，其中的「除日」和「破日」對於清除「晦氣」特別有效果，想要轉運、逆轉勝的人更適合在這一天拜拜轉運。

溫馨提醒的是，大掃除就像開工，只要日子對了開始進行，就可以在往後的日子裡逐步完成，重點在於啟動的日子。

絕佳「除殘」日期分別如下：

❶ 陽曆1月13日星期四（臘月十一日）除日：「歲德星」照拂是除晦效應超強的「除日」，吉利的時間是「午時」，早上11點15分至12點45分，方位從「正北方」開始。還有「申時」，下午15點15分至16點45分，方位從「東北方」開始。

❷ 陽曆1月18日星期二（臘月十六日）「月破日」：最好「破除」晦氣的日子，除舊的效果更加理想，而布新的能量也會更強大。時間以「午時」為佳（早上11點15分至12點45分）。方位從「正北方」開始。

❸ 陽曆1月22日星期六（臘月廿日）：這一天雖然不是「破日」與「除日」，卻是具有開創好磁場的「開日」，由於日辰中的家庭運勢奇佳，因此這一天的大掃除對於家人的健康有莫大的助益。時間以「巳時」（早上9點15分至10點45分），方位從「正西方」開始。

❹ 陽曆1月25日星期二（臘月廿三日）「除日」：大利除晦，時間以「申時」（下午15點15分至16點45分），方位從「正西方」開始。

❺ 陽曆1月30日星期日（臘月廿八日）「月破日」：破除晦氣，迎接旺氣。時間以「辰時」（早上7點15分至8點45分），方位從「西北方」開始。

步驟 2 送神：

早期的「送神」，指的是送「灶神」。「與其媚於奧，寧媚於灶」出自論語，可見「灶神」在古時候就深受人們的敬重，不過「孔子」還是認為「老天」才是最值得尊重。而在臘月廿四日將「灶神」送上天述職，自然會是最大的尊重。時代變遷，現在的「送神」成為送家中所祭祀的神明，亦即「送百神上天」。

「送神早，接神晚」因此送神日通常會在臘月廿四日的清晨，甚至於「早子時」。因為送了神，才方便百無禁忌執行清掃事務。「送神」儀式需要準備鮮花、發糕（蛋糕）、糖果（麥芽糖最好），拜拜金紙可請教金紙店老闆，不過請務必另外添購「天馬金」和「甲

馬」，備妥交通工具以便「送佛送上天」。

　　吉利時間：廿四日送神的吉利日辰，0點18分執行最佳。

　　溫馨提醒的是，這一天的「午時」請前往當初安太歲的廟宇「謝太歲」，感謝「太歲星」一年來的照顧，並且在廟宇進行「送太歲」的儀式。

　　吉利時間：午時（11點至13點）。

步驟3清魨：

　　送神之後才可以清魨。將神龕上神明與祖先的香爐請下，佛龕清掃一番，再將香爐內的香灰用磁湯匙掏出，千萬不可將香爐倒扣，「倒爐」代表的就是「傾家蕩產」。篩掉香腳殘渣，留下三分之一舊的香灰，篩過後再加上新的香灰。溫馨提醒，過程中香火不能熄滅，因此建議最好使用環香。

　　壓寶招好運：在傳統上是壓「五寶」，現代則在香爐底下放十二枚硬幣（幣值依香爐大小而定），一正一反排列，代表四季進財，月月平安，八方迎貴，招財納福，因此稱之為「壓寶」。

　　溫馨提醒，祖先香爐內不宜壓寶，更不可擺放任何物件。

　　吉利時辰：廿四日送了神即可開始，不過今年最為吉利的日辰以1月29日為佳（臘月廿七日），時間則以辰時（早上7點至9點）、午時（早上11點至12點）和亥時（晚上9點至11點）為佳。

步驟4照虛耗：（暖歲與續旺氣）

　　「除夜明燈床下，謂之照虛脫」《朝淳歲時記》如此記載。這就

是所謂的「照虛耗」。不過也有人這麼說，古時候是為了不讓耗子偷吃過年的食物，因此燈火通明，後來發現這樣做可以讓家宅運氣更好。

除夕夜當天開始一直到年初五，家中各處都要維持燈火通明狀態，日夜都如此，除了因為財神不入穢門，喜歡選擇明亮之宅外，也有「暖歲」與「續旺氣」的神效。

想要接旺氣就請不要省那一點點的電費，初五之後，請在玄關與客廳留下一盞一整年開啟的「旺宅長明燈」。

步驟５接財神：（三元吉時接財神）

除夕晚上和正月初一日交替的時間，就是所謂的「三元及第」的時間。

「元」代表好的開始，除夕晚上0點整，是一年、一月、一日的開始，也是專家高人所說「三元及第」大吉時，三元指的是「歲之元，月之元，日之元」。而「三元吉時」接財神是開啟一整年旺運的重頭戲，除了旺宅、旺財外，還可營造「三元及第」的吉象，除夕夜跨年之際，在大門外燃放鞭炮，則更有催旺發達之功。

值得一提的是，面對這新春期間最重要的活動，不管你人在哪裡，家中、外地都要執行，因為可以啟動一整年好運氣。「三元及第」在古時候是指連續考中鄉試、會試、殿試且第一名的人，被稱為「連中三元」。而現代人的「三元及第」是指好事接二連三，好運旺旺來。

就在此「三元吉時」在神龕前拜拜接財神可旺財富，發事業。家中沒有安神位者，可前往廟宇，或在家門口、前陽台雙手合十默拜

（面向東北方為佳），誠心祈禱，迎接財神入宅，有點香就將香插在屋宅的財庫位或佛龕香爐。

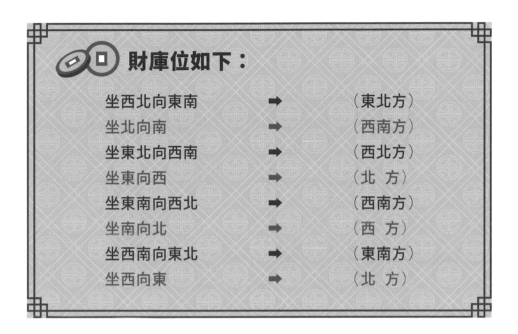

財庫位如下：

坐西北向東南	➡	（東北方）
坐北向南	➡	（西南方）
坐東北向西南	➡	（西北方）
坐東向西	➡	（北　方）
坐東南向西北	➡	（西南方）
坐南向北	➡	（西　方）
坐西南向東北	➡	（東南方）
坐西向東	➡	（北　方）

步驟 6 元旦焚香開門出行：

「**焚香開門**」：亦即「開財門」，其實在除夕夜24點（正月初一日0點）的「三元吉時」的放鞭炮許願就已經執行。

台灣諺語：「走春，走春，愈走愈春。」其中的「春」有「儲存」、「圓滿」、「豐盈」和「順心如意」的意涵。大年初一第一次出門就是「出行」，也稱為「走春」，亦即「走喜神方」，其實已然運用「奇門遁甲」的時空旺運策略，迎接最好的吉氣讓新的一年好運連連。

2022年的大年初一是「乙酉日」，是「天德合」、「月德合」兩

大吉星照拂的「三合日」。再加上「文昌星」、「偏財祿星」與「官貴星」併臨，這一天的「出行」等於在迎接智慧、業績、偏財星、財富，以及「異路功名」的貴氣。

「焚香關門」：取酉時拜拜關門，是為了將已經接收的好運與財富，收藏在家宅中，享用一整年。

「出行」：大年初一的第一趟出門，亦稱為「走春」、「走喜神方」或「行大運」，至少走365步以上，代表好運一整年。逢人道恭喜，具有「心想事成，旺財旺運」的吉利之意。此法十分應驗，想好運旺旺來就一定要執行。

出行吉時和方位：

辰時（7點15分～8點45點）**六合時**，西北方「生門」，也是太歲星的「喜神方」，又是九星「武曲貴人方」，此方出行代表事業貴人明顯，加官晉爵，興盛繁榮。正南方行走大約365步之後，轉往正西方，迎接太歲「天乙貴人」，讓貴人能量旺盛一整年。

巳時（9點15分～10點45分）**三合時**，也是「文昌財祿時」，往正北方出行365步在轉往西北方。

午時（11點15分～12點45分），是這一天的「生氣星」、「偏財祿」與「智慧星」併臨時間，對於後疫情時代想轉變困局，或是想在這一年中掌握住機會開創事業，請務必用這個時間出行。往「東南方」行走365步之後，再轉往「正南方」，讓「文昌星」和「寅做卯發星」結合，後疫情時代的轉變就是要有效，也要快速。

步驟7接天神：

年初四日是迎接天神回到凡間繼續考核人間善惡的日子。俗云「送神早，接神晚」，因此接神時間大部分在傍晚時刻。不管讀者們用什麼樣的金紙，一定要記得加上「甲馬」，讓神威更加顯著。

步驟8祭財神：

初五日俗稱為「送窮日」，將過年期間所累積的垃圾送出家門。在習俗上，初五才是接財神的日子，不過由於為提防給別人先接走，於是一家比一家早，就出現筆者前述除夕夜的「接財神」動作。

步驟9開張、開市拜拜：

好的開始，是成功的全部。更何況是想興盛一整午的新春開張，自然是馬虎不得。不但日辰要好好挑選，拜拜的儀式與供品也要精心準備。一般來說，新春開張只要農民曆記載「好日子」，一般人都蜂擁執行，甚至於有人選「方便的日子」，難怪很多人的事業也是在「方便」中默默無聞。事實上，不同行業的開張日也大不相同，例如生意人要選與財星、財氣有關的良辰吉時，而主管級或公職人士，則宜以官祿、印祿興盛的日與時。

另外值得提醒的是，不論老闆是哪一種信仰，開張拜拜這件事非進行不可，因為那是讓員工有FU的動作，只要不拿香就從善如流吧！完美無瑕的拜拜儀式，也在向員工們宣告「沒不景氣，只有不爭氣」及「沒有壞運勢，而是沒有盡全力」。有趣的是，很多人知道要

開張拜拜，卻不知道要為自己一整年的好運勢開張。初一是最好的日子，出行之後就到附近廟宇，安太歲（每個人都需要安）並且拜拜開啟好運正能量。

開張吉日如下：

初一日：天德、月德合星併臨的三合日，此日開張拜拜大吉祥。

過年期間可前往廟宇拜拜，安太歲，也為公司事業開張。事實上，每個人都可以為自己「開張」，那就是開啟一整年的好運勢。

開張時間：**辰時**（7點15分至8點45分）為「偏財專祿時」，大利商務買賣與業務行銷業者。

午時（11點15分至12點）為「財源旺財時」與「人緣文昌時」，對於商務投資人最為有利。

初四日：這一天是立春（04：50），是一年的開始，也是具有「日坐財祿」吉象的「三合日」。由於「天地正合」與「財源生財」的吉利現象，這一天的開張拜拜最容易啟動一整年的財富能量。

開張時間：**巳時**（9點15分至10點45分）為「日祿時」，對於個體戶、工作室、服務、行銷、創意、演藝、文化……業者而言，最為吉利。

初七日：月德合吉星照拂的日辰。這一天的「日坐偏財祿」現象中多了「智慧生財」的能量，因此這一天最適合上班族、創意、行銷、開創、直播……事業經營者，或希望公司與事業可以成功轉型的經營者。

開張時間：**辰時**（7點15分至8點45分）為「暗合日祿時」，大

利服務業，因爲具有天時、地利、人和的吉利好磁場。

巳時（9點15分至10點45分）爲「官祿星」與「權貴祿星」主事的時辰，適宜「管理階層」或公職人員。

午時（11點15分至12點）爲「異路功名時」適宜開創型的事業，尤其經過疫情的影響，想要重新站起來的企業，當然「文市」業者更爲適合，如企劃、行銷、公關、文化、創意、教育……行業。

初十日：「天貴星」主是的「三合日」。蘊藏著十分強烈的「財源生財」能量，對於商務買賣與業務行銷業者而言，這是個有機會幫助突破瓶頸大好日子，不過有必要整個團隊一起拜拜祈福。

開張時間：卯時（5點15分至6點45分）爲「玉堂帝旺時」，此時開張拜拜，最容易啟動貴人磁場。

巳時（9點15分至10點45分）爲「進祿時」由於是「偏財祿」與「官祿」併臨的時間，此時拜拜開張可望「名利雙收」。

節慶求好運

　　節慶開運與轉運的效果十分神奇是有原因的。最主要還是因為節氣的更換，例如「四立」就是季節的交換，而「二分」與「二至」則與大自然陰陽交替有關。科學家說，氣候溫度將會影響空氣中的細菌，進而影響人們的情緒與生理變化。這個時候要執行的開運策略，自然是如何順勢而為。

　　進一步發覺，生活上的共同意識與信念往往會左右我們的判斷，而特定季節或節日的慶祝則充滿著民族的「眾念」，就像投資市場經常出現的「清明變盤」、「中秋變盤」之類，再加上宗教上的能量，於是掌握住節慶開運與轉運的節奏，自然可以讓自己成為幸運的人。

⑴ 天赦日開運：想擺脫衰運，絕對不可以錯過這天

　　「天赦日」顧名思義就是老天爺赦免災厄的日子，而這個老天爺在道教來說指的就是玉皇大帝，從宇宙最高領導人所賜予的轉運與除錯的機會，就如國家大赦一般，這是個可以有效除厄運，轉好運的大好日子。

　　根據古書記載，「天赦日」就是「季節專氣」的日辰，例如春天是「戊寅日」、夏天是「甲午日」、秋天是「戊申日」、冬天是「甲子日」，這是季節中的「祿日」或「望日」，因此是生氣蓬勃的日辰，玉皇大帝賜予赦過宥罪的能量，於消災化煞與祈福添壽而言，最是神奇靈驗。不過值得提醒的是，對於婚姻這件人生大事而言，卻未

必適用。

　　讀者們可以掌握這個老天爺賜給我們的轉運日，赦免掉生活上的小罪、小過或小人，這一天的造吉祈福同時也具有擺脫衰運的神效。請依照日辰再配合「奇門遁甲」的時間與空間共同運用，讓整體運勢有機會因為做了修正，而讓生命愈來愈豐富精彩。

　　溫馨提醒：這一天祭拜的主要對象是「玉皇大帝」，只要在每個宮廟的主爐上香默禱，就是在祭拜「玉帝」。

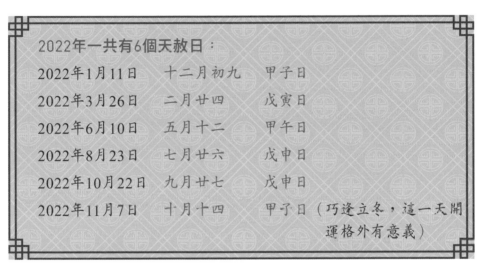

2022年一共有6個天赦日：

2022年1月11日	十二月初九	甲子日	
2022年3月26日	二月廿四	戊寅日	
2022年6月10日	五月十二	甲午日	
2022年8月23日	七月廿六	戊申日	
2022年10月22日	九月廿七	戊申日	
2022年11月7日	十月十四	甲子日	*（巧逢立冬，這一天開運格外有意義）*

(2) 小過年（元宵節）：一年一度最強的開運日

　　這一天的祈福造吉，最有神效。求財得財，求緣得緣，就在這一天！陶文老師運用「奇門遁甲」開運策略，效果更加強烈。

　　這一天是元宵節，亦即上元節，是「上元天官賜福」的大好吉日。

　　這一天大利拜拜祈福，過年期間的安太歲與點燈儀式，將在這一天進行。

　　這一天是小過年，因此宜出行接喜神和財神，更有機會旺情緣，至於轉運與改運自然也就不在話下。

元宵節就是「上元節」，是「上元天官賜福」的大好吉日。在這一天的祈福造吉，不但能夠趨吉避凶，並且有求財得財，求緣得緣的神效！

上元天官乃賜福之神，生於正月十五日；中元地官乃赦罪之神，生於七月十五日；下元水官乃解厄之神，生於十月十五日。因此，「上元佳節」也就被認為是上元天官賜福的佳節良辰。這一天越歡樂，運勢越興旺，而這也是傳統習俗之所以張燈結綵的原因。

⑶ 頭牙、土地公誕辰：

二月初二，龍抬頭，據說冬眠的龍到了這一天將會被春雷所喚醒而抬起頭來。其實「龍抬頭」和「星宿」有關，亦即「蒼龍七宿」的「角宿」就是龍的「角」，在每年這個時候出現在東方的低空。因此「龍抬頭」這一天同時也是土地公誕辰日，這一天除了祭拜土地公外，也是迎富貴的日辰。

壬寅年二月初二日正巧是「丙辰日」，亦即「火龍日」，因此這一天最適宜「拜龍神」，代表的是「飲水思源」。

不過大家比較熟悉的還是「頭牙」，老闆請員工吃「頭牙」為的是要先感謝未來一年的幫忙。這一天前往土地公廟拜拜，祈求一整年的福氣。拜土地公別忘了祭拜土地公的坐騎「黑虎將軍」，再向「黑虎將軍」換取「錢母」，拿回家後一份放進聚寶盆，一份存入銀行，另一份隨身攜帶，讓財運興盛荷包滿滿。

⑷ 文昌星君誕辰：

二月初三前往文昌星君廟拜拜，旺事業、利升遷、求功名、旺財富。

適宜的祭品：蔥、蒜、芹菜、蘿蔔、竹筍、糕點、包子、粽

子⋯⋯為佳，其中選擇三樣即可。

NO供品：烏龍茶象徵擺烏龍、丸子則等於完蛋、鴨蛋更是0分的代表、紅龜粿則有檳龜的意涵。

另外宜準備壽桃向文昌帝君祝壽，如果不方便，可以海綿蛋糕取代之。

(5) 端午節：

端午節是一年中陽氣最盛的日子。因為，端午之後的「夏至」陰氣將會逐步成長。因此掌握住這陽氣最旺盛的節日，換手氣、除晦氣，讓好事如願以償。傳統習俗上，這一天會掛艾草避邪氣，接午時水除瘴氣，製作香包招吉氣，立蛋試運氣⋯⋯。

今年的端午節格外不同，因為後疫情時代防疫依舊重要，而百業待興，因此需要趨吉避凶的是事業，同時也是全家人的健康。另外，太歲星也將在端午節次日（6月4日）進入逆行狀態，此種逆行天象將會持續到10月22日，這段期間的大環境磁場是不理想的。因此，今年的端午節不但要執行「轉運」策略，同時還有提升「旺運」的強度。

在許多開運策略中十分建議自己製作「長命縷」，「長命縷」亦即用五種顏色的線編織在一起（市場有現成的五色線），在正中午將「五色線」打七個結，每打一個結就許一個願，並在結上哈一口氣，因此「長命縷」也被稱為「七氣結」。經過拜拜過香火繫在手上（男左女右），可盡納功名、利祿、財富、壽喜之吉氣，同時也具有化煞小人的作用。

(6) 農曆六月初六日「玉帝開天門」：

農曆六月初六日是「玉帝開天門」的日子，亦即傳統的「天貺

節」，代表的是補運與祝福。

相傳在六月初六日這一天南天門會大開，有點像教宗站在「祝福陽台」為教徒祝福一般，這一天就像「天赦日」一般，可以直接向玉皇上帝祈求，請玉皇上帝赦罪、補運。

⑺ 七夕拜魁星：

北斗七星的第一顆星是「奎星」，也稱為「魁星」，也是「首星」的意思。

古時候考取狀元稱為「一舉奪魁」，而七夕這一天也是「魁星」的生日。因此七夕除了是情人節之外，拜七娘媽，還要拜「魁星」，吃牛角麵包，具有頭角崢嶸之意，前往廟宇或在夜晚朝著北斗星方向默拜。提升人緣與情緣能量，同時也開啟智慧經營事業。

⑻ 中元節地關赦罪日：拜拜，普渡，放水燈，消災解厄

一年一度的「中元節」要普渡拜拜，同時也別忘記把握機會「消災祛疾解厄」，消除霉運與災病，因為中元節也是「地官赦罪」的日子。據說農曆七月十五日是掌管人間善惡稽查的「地官大帝」誕辰日，這個月祭拜「地官大帝」並誠心懺悔，可望獲得贖罪的機會。

七月未必事事不可為，搬家、入宅、修造能避則避，有必要也有破解祕訣。不過壬寅年的七月是「戊申月」，也是「歲破月」，是個諸事不宜的月份。不過，既然七月十五日（8/12）星期五，是「地官赦罪」的日辰，那麼「戊申月」的「歲破」現象更強化破除厄運的效果，於是七月十五日成為千載難逢的「轉運日」。

疫情期間，許多人受到了影響，事業停擺，不得不轉業，甚至於需要重起爐灶。這些種種都需要很大的自信與助力，才能夠得到順利

翻轉的能量。

(9) 中秋節：

八月十五日中秋節，大家都知道是月圓人團圓的好日子。

不過，很少人知道，這一天是開啟好運氣的大吉日。

早時候，許多人家會在這一天拜月娘。只知道，拜了之後家宅會圓滿平安，小孩會頭好壯壯，平安順遂。卻不知道，八月十五日卻是一年中最靈驗的積緣補運日。

在這一天神祕拜拜，可消除霉運，提升財運，讓整體運氣更好更強更旺，並且延續到明年。那就是——祭拜龍德星君。

龍德星君是何種神祇？嚴格說起來，龍德星君並沒有專門供奉的廟宇，有人說祂就是太歲的分身，也有人說，就是——洪府元帥名錦，原為大肚溪北水里港某廟宇的主神，後因收伏馬頭精事後落居長駐武當宮，成為玄天上帝之副將。

洪府元帥為商周時武將洪錦，據封神演義記載，洪錦原係三山關總兵官，後輔姜尚（姜子牙）伐紂，威武勇猛，尤善幻術道法，後於封神台受封，太上元始天尊嘉其神勇，封為龍德星君。據說祭拜龍德星君，可消除霉運，提升財運，讓好運旺到明年，並且諸事順心，災禍不生。更可錦上添花，幸福美滿。

祭拜時間：八月十五日晚上7點15分至8點（戌時，六合時）。

祭拜地點：宅前空地、陽台或宅前花台。

祭拜方式：設香案，擺放水果三樣、月餅、糖果和鮮花。

提示事項：只需三炷香，不需要焚燒紙錢。

最重要的是，一顆虔誠的心。其實不設香案拜拜也行，雙手合十誠心默禱。拜拜（默禱）後，可望諸事順遂，霉運袪除，災禍不生，

補運開運如錦上添花，家庭幸福美滿。

除此之外，這一天的風水布局，具有旺運、發財富的神效。無論如何，每年的八月十五日是積緣補運的日辰。

旺財法：中秋節巳時（9點至11點）屋宅或辦公室的東北方布「五鬼運財陣」，黑曜石貔貅和「聚寶盆」（內置101元硬幣）。

求姻緣：前往月老廟，拜拜祈福。

拜拜禮儀遵循廟方指引，紅絲線繫在手上，請記住不是男左女右，而是女左男右，因為女士們求得是男性，而男士們求的是女性。除非不同性向。另外，記得把拜拜的香水百合插在屋宅正東方，既旺事業，也旺桃花。吉利時間：男士們請用酉時（17點至19點），而女士們則用戌時（19點至21點）。

簡易生基轉運法：

時間：申時（15點至17點）。

方位：正西方。

紅紙：書寫名字、生辰，祈福與轉化事務。

儀式：放進紅包袋內，埋在泥土中。

(10) 重陽節：

登高、賞菊、喝菊花茶或酒，趨吉避凶，步步高升。別忘了「敬老尊賢」，這是最佳狗腿日。

(11) 冬至吃湯圓：

冬至一陽生，吃湯圓升陽氣。白色湯圓添貴氣，紅色湯圓旺姻緣與人緣。祭拜祖先，旺子孫。

壬寅年

易經論股
精準獲利

【國運經濟與台股趨勢】

疫情影響投資市場，回歸基本面作長線布局

　　虎虎生風、生龍活虎、如虎添翼、龍行虎變……，都是虎年最常見的祝賀詞。不過對於後疫情時代的2022壬寅虎年而言，其中除了出自《易經》乾卦的「龍行虎變」代表強大的革新之外，其餘有關老虎的形容恐怕很難派上用場，原因在於壬寅虎是一隻虛張聲勢的老虎。

　　壬寅虎年太歲的「地支辰次」雖然位居第三，不過由於位於「東北方」，屬於「先天卦」的「震卦位」，同時也是「後天卦」的「正東方」，是一個生命力與動能出發的地方，因為《說卦傳》說「帝出乎震，齊乎巽，相見乎離………」，這裡面的「帝」指的是「太陽」，以及萬物滋長的開始，因此「寅辰次」是充滿生機的位置。在陰陽交替的「十二月卦」裡，「寅」也是被稱為「三陽開泰」，因此但願後疫情時代的2022壬寅虎年，真的會是個萬物復甦的「三陽開泰年」。

　　再從「壬寅」太歲的天干與地支的結構觀察，發覺這是個「太歲坐在文昌位」的流年。坐擁文昌星自然是代表充滿機會和活動力。又從太歲的五行氣數角度觀察，發覺天干的「壬水」會生地支的「寅木」，而此「寅木」又是「驛馬星」，因此這一年的行動力與轉變力將會是超強大的。此種現象不難從社會上和市場上被逼的非轉型不可看出端倪，而在疫情存活下來的行業，有機會承接陣亡同行的資源，

市場上的乾坤大挪移戲碼將熱鬧登場，只不過想要在「壬寅虎年」蛻變成功是需要要件。

由於「壬寅年」太歲的「文昌星」、「偏財星」和「事業星」串連在一起，因此牽一髮動全身的現象將會被啟動，也就是「文昌星」的氣勢和「名利雙收」的氣場是聯動的。因此在「壬寅虎年」的決策制定，必須瞻前顧後，計畫的週期與時程不宜過短，以免出現日後英雄氣短的無奈。再仔細觀察「壬寅虎年」太歲「壬水」的氣勢，就不難發覺此種「英雄氣短」的隱憂，那就是「壬水太歲星」是處於後繼無力的狀態。

此種現象的化解並不難，那就是從長計議後再出發，並且組織團隊或運用系統管理的方式執行，還有就是營造借力使力的環境。對於企業家而言，這是重整管理系統與改變經營策略的好流年；而對於個人而言，除了學習，還有就是考取證照，以及跟對人，因為「壓對牌贏一局，跟對人贏一生」。由此可知，想要讓「壬寅虎年」展現真正的「三陽開泰」與「龍行虎變」，其實並不難。

另外，2022年也是個起飛年，但願此種起飛的氣勢不會因為後疫情時代而受到壓抑。2022年天星春分盤中出現一只翱翔的紙鳶，領航行星是木星與水星代表市場與經濟，並且出現在朋友宮位上，更凸顯這是個合作借力使力的一年。冥王星是右翼星，位於金錢宮，代表這一年的財經都在國家策略的左右中，其實回歸現實面也是如此，在K型經濟的狀態下，政府還有很多救援的工作；北交點（羅睺）是左翼星，位於投資宮位，代表累業，疫情就是，因此也代表疫情事務還是會再繼續影響投資市場；而「天頂」則是尾翼星，位於事業宮頭，代表產業在經過調整後容易獲得起飛的機會。

台灣國運

【天澤履】是2022年台灣國運卦象，這是個依附在大人羽翼下生存的卦象，對於事務執行而言，這是一種跟對人，做對事的象徵。對於占卜運勢來說，也是如此。就現實面的角度來說，台灣在國際上的確有小國的無奈，因此需要國際社會上具有重量的國家相挺，在過去的一年中此種現象格外明顯，雖然也許是運用外交策略所換取的，不過對於2022年的【天澤履卦】來說，卻是容易在這一年中繼續上演。【天澤履】就是這樣的卦象，可以看得出台灣在國際上的貴人運是理想的。雖然如此，【天澤履卦】中的「乾卦」代表的是自強不息，也就是自立自強，而台灣向來就是如此。再觀察卦象中的主事者，亦即執政當局也的確呈現出氣勢頗盛的現象，只不過可惜的是，由於出現一種「捉龜走鱉」的現象，台灣的總政策極容易陷入顧此失彼的窘況。事實上在疫情還未真正結束之前，此種現象其實在全世界各國都一樣出現，只不過台灣較明顯罷了。

在疫情方面，就卦象的角度觀察，發覺疫苗是卦象中的最大無奈，即便再怎麼努力恐怕也很難讓台灣的接種覆蓋率達到理想的程度。因此生活上還是會有許多的不變，而在疫情受到一定程度的控制下，只要國人隨時留意自我保護的措施，健康有機會得到一定程度的保護。天候方面，風調雨順應該會是貼切的註解，雖然立秋之後的雨水豐沛，有必要提防澇害，不過整體現象屬於國泰民安的境界。

台灣經濟

【地澤臨】是2022年台灣經濟卦象。這一卦說的是亦步亦趨，見

招拆招，等待時機。雖然卦象中的呵護訊息十分明顯，不過「居高臨下」的意涵十分清晰，因此經濟上的許多數值將會面臨不得不的往下修正。整體而言，這將會是個平安年。上半年，政府的政策必須要架構在快狠準的特質上，唯有如此，下半年的經濟才有機會和「紙鳶」一起翱翔。

再以卦象中正負能量的架構角度觀察，發覺整體的正能量要到下半年，也就是「立秋」之後才會獲得提升，其最大關鍵應該會在內需的復原。不過在這之前的6月恐怕需要提防經濟情勢上的大震盪，祈禱2022年的端午節會是個財金上平安的節慶。

透過卦象繼續觀察，將會進一步發覺到2022年台灣的貨幣政策，在卦象中受到不小的影響，即便美國經濟上調整的聲量很大，不過台灣的利率政策如卦象所示，延遲到2022年第四季以後調整的機率十分強大。

台股

疫情的影響，全世界都陷入窮於應付的窘況，疫苗不足的地區，憂心疫苗接種率不足疫情復發，而疫苗充足的國家卻在猶豫是否要鼓勵國人施打第三劑，只因為變種病毒持續蔓延。而有趣的是，如此草木皆兵的狀態，國際財金市場依舊活絡，根據報導與研究指出，經濟復甦的腳步沒有減緩，甚至有研究機構宣布，2022年將會是個罕見的大復甦年。真的，假的！哇嗚，罕見的大復甦耶！既然是研究機構的報告，想必有其道理與根據，不過讓我們用「另類觀察」的角度研究看看，畢竟生活在地球上的人們，接收到的是同樣的宇宙磁場，這些磁場給人影響，影響情緒、思緒、行為……，自然也在影響地球上的

財金趨勢和投資人的決策。

時序進入2022年，這一年的歲次是「王寅」，對於財金市場而言，這是個「太歲坐擁偏財源」的干支結構，這股強大的「偏財源」能量讓2022年充滿著希望，經濟復甦的希望，商務買賣活絡的希望，事業轉型的希望，以及股市翻揚的希望，就是這樣的氣氛開啟虎虎生風的王寅老虎年。不過實話說，希望終究是希望，實現了就是美夢成真，反之就是希望落空。2022年的希望是有機會美夢成真的，只不過需要條件與正確的策略。對於個人而言，需要的是計畫與團隊。對於投資求財來說，則是時間、策略與標的。時間方面，下半年會比上半年理想，因此2022年的台股趨勢極容易異於往年，那就是第三季之後才容易出現榮景。至於策略方面，則是長線布局的方式運作，這個時候標的選擇就馬虎不得，傳統的景氣循環股，還有IT行業，以及金融概念股，將會是2022年的財利標的。

【離為火】是2022年台灣現貨大盤的走勢卦象。這一卦容易聯想到藝人高凌風，因為他曾經唱過一首歌「燃燒吧！火鳥」。【離為火】是個火熱而亮麗的卦象，而燃燒是卦象的特質，不過在此種火氣十足的狀態下，認為股市一定會漲翻天恐怕就未必。事實上，【離為火】是個結構性將會出現變化的卦象，至於是向上調整，還是向下變化，就要看當下的時空環境背景，以及卦象中的多空架構。時空環境背景的部份交給財金分析師，至於卦象的多空架構就讓我們一起來解讀。

整體而言，這是個空方主事的卦象，由於卦象氣數呈現出空方不為禍，反而釋放善意的現象。這個訊息要告訴我們的是，即便出現大利空也未必會一瀉千里。不過可惜的是，由於卦象中的多方氣勢雖然理想卻十分曖昧，再加上拉升指數的元素並不明顯，因此這將會是個

上漲無力，下檔有撐的卦象盤勢。

　　就時序而言，春天壓力雖大，但未必造成災害，夏季震盪回檔，可逐步尋求買點，為即將啟動的盤勢做好準備。進入秋天，大盤和太歲都將會得滋潤，財金市場容易獲得養分，不過真正的賺錢大時機點要等到在9月9日之後。換言之，低點容易出現在夏季底，而高點容易出現在冬季，盤勢的發展圖形像極Nike的商標。高點承接的數字與4、5有關，而高點調節的數字則與7、9有關，因此指數低點容易落在一萬五千點附近，而高點則容易出現在一萬七千點附近。投資標的仍舊以宅經濟為佳，傳統的景氣循環股與具有轉型題材的公司，以及汽車概念中的電子與IT概念股和金融股則是理想的財利標的。

電子和傳產結合的概念股，
容易營造財富

【澤雷隨】是2022年電子股趨勢卦象。這是個具有隨緣、隨興、跟隨等意涵的卦象。對於事務執行而言，代表的是見風轉舵，隨機應變，甚至於打帶跑。因此需要的是靈活策略，空間放大，運作的格局也就跟著放大。

對於投資求財而言，雖然也如此，不過卻多了一種行情往下走的味道，只因為【澤雷隨】的卦象是沒有特定方向，因為如此才沒有很大的壓力，成為2022年電子股的趨勢卦象，容易看出電子股還是處於貨幣政策與變種病毒的干擾狀態中。不過就卦象中的氣數架構角度觀察，發覺一種由底部翻揚的訊息，因此值得在春天的季節低接，營造夏天的財富，秋天再進行換手操作的策略。

再以卦象中的多空架構角度觀察，發覺雖然卦象中的空方氣勢並不強大，卻直接反應市場的喜怒哀樂，讓電子股的投資方向陷入不易掌握的狀態，這是種選股不選市的寫照。整體而言，具有電子和傳產結合概念的標的將會是2022年比其他類股都容易營造財富，例如汽車的車用電子、電池、宅經濟概念、雲端、和高速傳輸趨勢有關的概念股，以及具有轉型題材和成長契機的標的。

掌握上半年獲利機點，
提防立秋後變數

【雷火豐】是2022年金融類股的趨勢卦象。這是個豐盛的卦象，對於事務執行而言，占得此卦是吉利的，在不論其卦象氣數架構的角度觀察，短線上的努力是容易獲得成效的。不過，當卦象氣數架構不理想的時候，就容易出現短暫激情之後的始料未及。就拿現在這個【雷火豐卦】來說，所呈現的豐碩現象，很有可能就是過去的榮景，而這個正巧在最豐盛的高點。

對於投資求財而言，自然也是如此。從2021年全球股市大好，而讓金融業投資收益獲利滿滿看來，市場上對於金融類股的嚮往又獲得了提升。於是臉書上「股市黃曆」的臉友們問道：「金融股如老師預期表現漂亮，並且比預期提前上漲了 大段，想請望金融還適合進場嗎？」這個問題【雷火豐】給了最好的答案。

從卦象中的多空架構角度觀察，發覺雖然卦象中的空方壓力頗盛，不過卻沒有急著表態的現象，再加上動作頻頻的多方持續在推高價值，因此可以預判金融股還是有機會再漲一段，而這一段將會是2022年的上半年。就卦象而言，投資人真的需要提防進入「立秋」之後的變數。

抗通膨，
房地產是最佳保值工具

　　【地山謙】是2022年台灣營建股投資求財卦象。這一卦說的是「謙虛」，對於待人處事而言，這是個十分理想的好卦，因為謙受益，滿招損，同時也意味「以退為進」和「蹲下是為了跳得更高」。做人的道理就是如此，不居功，成功不必在我。

　　不過對於投資求財而言，恐怕就不會是如此。因為投資求財指望的是熱絡，行情上漲才有利可圖，而【地山謙】的「謙讓」擺明的就是「疲軟」的代表，因此占得此卦的標的恐怕是不容易出現強勢表現的態勢。

　　然而在經過近兩年的台股大多頭，指數不斷創新高，雖然在見到18034點之後回軟，不過股市大戶大多以荷包滿滿，而選擇休息或退場觀望，甚至於更有大戶為了確保「戰果」而選擇「賣股入房」，畢竟不動產向來就是最好保值、抗通膨的工具。因此營建類股在2022年還是存在著許多遐想的空間，尤其是買不起房的散戶，更可以成為營建公司的小股東，慢慢積累購房基金。

　　就卦象而言，營建類股的支撐依舊明顯，雖然政府在積極打房，不過上有政策，下有對策，而在股價走軟的時候，正好的是散戶們介入的大好機會。因此投資人大可仔細審核營建公司的報表，擇優進場營造保值、抗通膨的理想避風港。

　　【天雷無妄】是2022年台灣房地產投資求財卦象。這一卦最常被

聯想的就是「無妄之災」，而忽略其真正的內涵，那就是「動而健，剛中而應」內外相應的穩健動能，這也是一種欣欣向榮的生命氣象。就以占得2022年房地產的走勢看來，就十分符合目前的市場現象，那就是即便政府一再出手打房，房價依舊沒有回落的趨勢，而市場的成交率也一直再上升，根據同期去年（2021）推出的預售屋在第三季就已經有162個建案完銷，而且還出現排隊潮，只因為許多建案上午開賣，下午就結案。

雖然市場上有財經專家在談話節目中指出「台灣房地產2022年將大崩盤」，而在又占得【天雷無妄卦】的情況下，相信有更多的人認為真的會出現所謂的「無妄之災」。不過也有專家認為除非出現「緊急升息」或「中共打飛彈」，否則「無妄之災」的說法即有可能是「天方夜譚」。

再以卦象中的多空架構角度觀察，發覺支撐房價的並不是所謂的基本面，而是保值與抗通膨。而且在投資市場經過近兩年的漲勢之後，資金將會出現避險性的挪移，而房地產是最佳的保值工具，再加上房市是經濟的火車頭，政府再怎麼努力打房也很難斬斷自己執政的命脈，就像中國的恆大一樣，最後還是出現一線生機。

最後就卦象而言，目前的市場雖然是賣方市場，不過對於有購屋與換屋需求的自助型買家來說，卻是十分理想的進場時機點。只不過要溫馨呼籲的是，在買房之前需要多做功課，除了價錢，還有鄰居與環境的選擇，而最重要的還是好風水的挑選。切記，挑好了再買，而不是買好的再來調整風水。

疫後投資，
生技醫療值得布局

　　【風火家人】是2022年生技概念股趨勢卦象。這一卦具有十分溫馨的故事背景，那就是在外面受到傷害，而回到家中療傷，同時也代表在過去曾經受到傷害的人，目前所處的現象是正在療傷的狀態。對於目前的生技股而言，正巧也是此種情況，在過去的一年中除了上半年如2021年卦象所料，下半年生技股的表現並不理想，即便股市漲翻天也是如此。面對2022年占得需要療傷以後再往上發展的【風水家人卦】，生技概念股成為未來值得關注的投資標的。

　　再以卦象中的多空架構角度觀察，發覺對於生技股的投資也不宜過於一廂情願，只因為卦象中的多方氣勢並不明顯，而多方的後繼力道也處於牽絆的狀態，因此即便疫情造就生技股的生機與契機，但對於後疫情時代而言，也未必是雨露均霑的盲目購買。對於具有生技醫療題材面及成長性兼具的特質標的，才值得偏多布局。換言之，與其用射飛鏢的方式選股，不如聚焦於儀器研發、遠距、個人化醫療的醫材、生命科學工具與服務類股為佳。

　　就卦象而言，生技概念股的活絡期將依舊容易出現在上半年，春天宜逐步布局，高點雖然容易出現在秋天底，不過夏季是個該執行階段獲利策略的季節。

宅經濟當道，傳產、原物料、金融股錢景可期

　　世界衛生組織（WHO）於2021年9月22日表示，Delta變異株幾乎已擠掉另外3種COVID-19「高關注變異株」，Delta變異株成為大魔王，變更強無出其右。這段文字引述自「中央社」。

　　仔細想想為因應疫情卜衰退的經濟，美國施行量化寬鬆政策，期望可以注入活水挽救低迷的經濟。而就在政策奏效之際，2021年第三季又開始面臨Delta變種病毒的肆虐，於是另一種考驗正在逼迫著正在復甦的經濟，真的是情何以堪。於是對於接下來的2022年經濟感到憂慮的聲音出現，認為股市會出現人崩盤的大有人在。不過也有樂觀以對的經濟學者，信誓旦旦地預測將會出現有史以來的大復甦潮。此種兩極化的看法，保守方十分有道理，而積極派更是理直氣壯，到底會發生什麼，又什麼會發生呢？就讓我們用「另類觀察」的方式深入客觀解讀與分析。

　　就在陶文撰寫本文之際，市場出現「恆大瀕臨破產危機」的訊息，雖然市場上紛紛認為不會是「雷曼」的翻版，不過卻也讓整個市場出現震撼。也許這是公司運作不當的個案，不過在疫情還未獲得真正舒緩的情況下，到底要用何種方式與心態來迎接2022年！

　　2022年太歲干支的組合是「壬寅」，「天干」的「壬水」會生「地支」的「寅木」，在傳統的觀點上這是屬於「天生地」的太歲

結合，是一種風調雨順的結合。再仔細觀察太歲五行氣數的排列，將會發覺「壬寅」年將會是個充滿機會的流年，因為「智慧驛馬星」當家作主，再加上「財氣」與「事業氣」都十分明顯，代表只要願意行動就不難營造其中的財富和事業成就，只不過在此種行動中包括「創新」與「轉變」在內。而從此種太歲五行氣數的結構中，也不難觀察出如何選擇投資標的。

再從「政餘天星」也是「古東方星座」的角度觀察，會發現與太歲五行氣數結構一樣的氣息。在2022年的「流年關鍵星盤」中發覺一只翱翔的紙鳶，根據古書記載「紙鳶格局」是一種具有起飛特質的星象，因此2022年並不會像保守派那麼的悲觀，但是也很難出現如樂觀派的「有史以來的大復甦」。

事實上，此種「紙鳶」天象曾經出現過，就在2013年的「流年關鍵星盤」中，而巧的是，2013年也是個充滿關鍵變化的一年，那一年即便不是「後疫情時代」，但也有很多的創新、轉變與出發，而那一年也同樣是「驛馬年」，不同的是2013年是「政治或政策驛馬年」，而2022年則是「經濟驛馬年」。

2022年的「紙鳶」結構中水星和木星（太歲星）是導航行星，而冥王星是「右翼星」，「左翼星」則是虛星，是個重量級的虛星，那就是「羅睺」，亦即「北交點」，在神祕學領域代表的是「累業」。至於「尾翼星」也是虛星，是「流年關鍵星盤」的「天頂」，代表是產業的大環境。這些結合透露出許多神祕訊息，值得我們慢慢著墨領悟。另外，由於「流年關鍵星盤」中除了太陰星，其餘星曜都出現在「天底」的附近，代表「宅經濟」將依舊是辣子雞。整體而言，這一年的經濟是樂觀的，復甦的不乏沒有停歇，只不過市場籌碼容易往傳產、原物料、金融概念標的轉移。

美國、歐洲、中國

美國 ➡ 營造機會財利,刺激經濟復甦

【天風姤卦】是2022年美國經濟發展卦象。這是個隱憂暗藏的卦象,對於事務的執行而言,代表的是「魔鬼藏在細節裡」,因此有必要在第一個時間消弭隱憂,否則後果堪憂。對於財金趨勢的分析而言,雖然也是如此,不過從卦象中的氣數架構看來,即便是再大的隱憂不但不會構成傷害,反而容易成為機會。

回歸現實面的角度來說,其實所謂的隱憂任誰都會聯想到Delta變種病毒的陰霾,經濟學者擔心美國經濟容易受到影響而讓成長減緩,只因為市場上普遍認為消費力將會減弱,而服務的需求將會大過於商品,因此消費支出將會大大減少,因此復甦的腳步將會因而放緩。

不過就卦象的角度來說,還是比較認同樂觀派的看法,因為卦象中的「政策訊息」隨時在呵護著經濟命脈,因此上半年的壓抑容易在下半年獲得紓解,尤其是陽曆6月6日之後,形式將會大轉變,第三季將會轉趨更樂觀,而第四季可以看到更多的利多策略會刺激經濟復甦腳步,一直旺到次年的第一季。

【火地晉】是2022年美股道瓊走勢卦象。這個卦象所描述的是日正當中,陽光最盛的時候,因此亮麗是最直接的聯想。不過如果因為如此而判斷道瓊將會漲翻天,那可就未必。只因為在卦象中的多空架構中空方的壓力依舊強勁,這是造成市場疑慮的元素,而多方氣勢並

不如預期，按理說這是個大崩盤的卦象，不過有趣的是，由於卦象中的空方壓力雖大，後繼力道也有驚人的力道，因此而判斷道瓊會出現回檔走勢，將會是正常的判斷。然而，就卦象氣數的呈現看來，影響整體盤勢最重要的元素還是在於官方的財金政策，而此種現象將會在7月7日左右啟動，投資人恐怕就要開始進行風險規避的動作，降低持股準備迎接進入9月8日之後整體盤勢的變動。

卦象占卜的每個卦象都有一個美麗或驚奇的故事，【火地晉】的故事背景環境是日正當中，太陽高掛，溫度極高，熱氣逼人，然而中午之後的太陽將會逐步下降，而【火地晉】代表的就是最輝煌的時刻。這個時候，投資人有什麼樣的聯想？掌握亮麗營造機會財利，還是未雨綢繆，驚嚇破表，裹足不前？

歐洲 ➡ 亂中有序，謹慎面對疫情的影響

【雷澤歸妹】是2022年歐洲經濟走勢卦象。這個卦象的最典型代表文字就是「亂」，代表即便美國或非歐元區的經濟已經開始進入復甦狀態，歐洲地區依舊在為疫情和比預期要快的歐元經濟區，繼續提供財政和貨幣政策的支持。經過持續性的呵護和調整，其實這是個好卦。

循序漸進是【雷澤歸妹卦】的趨吉避凶特質，若以卦象中的氣數架構角度觀察，將會發覺歐元區經濟體制是理想的，只是這個地區的主政者更為謹慎面對疫情的影響，因此在疫情情況還沒有真正明朗之前，經濟上的支持與呵護不會停歇與改變。

就卦象角度來說，這是個亂中有序的卦象，由於大環境的負面影響不大，尤其是通膨的影響基本上是溫和的，因此用緩步趨堅來形容

歐元區的經濟是貼切的。

中國 ➡ 利好狀態，長期投資價值浮現

【地天泰】是2022年中國經濟走勢的卦象。這是個四平八穩的卦象，通常占得此卦都會給予正向而肯定的訊息，因為《易經》認為【地天泰卦】具有「天地正合」的正向意涵。以上說得都會是「學術研究」的部份。事實上，《易經》在「實務上」實際運用和「學術上」的學術研究，有許多時候是大相逕庭的。就拿2022年中國經濟走勢的【地天泰卦】來說，四平八穩的卦象意涵中，因為卦象氣數架構的變化，而出現表裡不一的現象，因此這是個不理想的卦象。不過因此而給予「凌亂」或「紊亂」的評斷，又不十分貼切。就卦象而言，「窮於應付」與「調整不乏」將會是較為貼切的註解。

再以卦象中的氣數架構角度觀察，發覺政策十分努力弭平社會上的不安事件，而整體經濟的支撐來自於市場的消費，其次才是投資與進出口。因此即便卦象氣數架構的變化並不理想，不過【地天泰卦】的基因特質依舊是「穩健」，換言之目前的不平穩，不代表後續或永遠的現象。換個角度來說，占得【地天泰卦】的2022年中國經濟應該定調在整理與調整的路途，後勢的中國經濟依舊是強勁可期，只不過應該會是在兩年之後。

【地水師卦】是2022年中國上證股市走勢卦象。這是個具有多重意象的卦象，其中有討伐意涵的興師，也有開智慧的導師，還有群眾意念的率眾出師，更有暗濤洶湧的憂慮，或是戰爭後的「輿尸」，亦即載運屍體。說到這裡好像沒有一件是好事，然而如果把【地水師卦】的「師」看成把所有影響股市發展的不良因素消除，你說這是好卦，還是壞卦？

就卦象而言，【地水師】不會是個好卦，以卦象的氣數架構角度觀察，也無法算得上是理想的卦象，因為總是隱藏著「凶險」，而此種現象也合乎目前讓市場驚嚇的「中國監管」風險。而最夯的經濟政策用詞那就是「共同富裕」，看起來「共同富裕」應該是振興經濟的必然途徑之一，而其中策略就是加速完善中國國內的金融投資市場，讓老百姓的錢活動起來。這個時候應該不難和【地水師卦】做聯想。

再以卦象中的多空架構角度觀察，發覺雖然多方與空方氣勢都不明顯，不過呵護的政策元素卻強力使勁，因此即便市場容易出現變動與震盪，但整體趨勢依舊屬於「利好狀態」。就整體卦象而言，儘管「監管風險」依舊存在，不過卦象中的長期投資價值有機會浮現，而新能源和消費概念股值得關注。

黃金、石油、原物料

黃金 ➡ 靈活操作，降低持有黃金的比率

　　【天火同人】是2022年黃金投資趨勢卦象。這一卦說的是志同道合，對於事務執行而言，合乎一種說法，那就是「單打獨鬥，不如團隊合作」，不過有意思的是，並不是所有的【天火同人卦】都如此。2022年的黃金投資趨勢卦象的【天火同人】就是意見不同，很難同心協力的卦象。

　　對於投資求財而言，占得此卦的黃金已經悄悄地從市場寵兒的角色慢慢退下來，雖然卦象中的官方回購現象雖然明顯，但氣度也明顯不足，因此預計2022年的金價並不容易回到以前的榮景。再以卦象中的多空架構角度觀察，發覺支撐金價的元素依舊明顯，並且氣勢也十分篤定，就卦象而言，2022年的黃金依舊是值得投資的標的，只不過操作策略需要靈活，那就是金價因為利空消息而急挫的時候進場承接，利空淡化調節營造短線機會財利。只不過，此種運作法並不符合傳統上的黃金投資定律。於是回歸【天火同人卦】的角度來說，那就是2022年應該降低持有黃金的比率，將資金挪往其他得標地，而卦象也透露出此種現象容易延續到2023年。

原油 ➡ 影響市場原因未消弭，審慎為宜

　　【澤地萃】是2022年原油走勢卦象。這一卦說的是「萃聚」，能

量萃聚，人萃聚在一起，因此有一種齊心協力的意涵。只不過所有的卦象都是一體兩面的，【澤地萃卦】也不例外，尤其是2022年石油走勢的【澤地萃】卦象，由於卦象氣數呈現聚合中的離散，因此對於事務執行而言，就多了意見分歧的現象。

對於投資求財而言，也是如此。雖然就市場消息而言，根據報導石油輸出國組（OPEC）預測，在美國、中國和印度的增長帶動下，2022年全球石油需求將上升至與疫情前類似水平。不過說的真切一些，此種預測只能說是石油輸出國（OPEC）的樂觀預測，然而真正影響消費市場的主要原因還未消弭之前，投資人對於石油的投資恐怕還是審慎為宜。

再以卦象中的多空架構角度觀察，發覺讓油價上漲或投資價值提升的主要元素，不在於政策性的拉抬，而是2022年全球經濟可望再繼續增長的預期，這其中又將會以疫情獲得預期中的控制為主。不過即便如此，就卦象的角度來說，對於石油的投資而言，2022年還是需要謹慎。

黃豆 ➡ 氣勢渙散，低點值得進場

【風水渙卦】是2022年黃豆走勢卦象。這是個氣勢渙散的卦象，對於事務執行而言，通常容易見到虎頭蛇尾的結果。對於投資求財而言，這是個行情容易走低的卦象，因此就此卦象觀察2022年的黃豆走勢，應該就會不如2021年。再以卦象中的多空架構角度觀察，發覺卦象中的多方元素雖然並不明顯，不過市場卻提供一種機會低點值得進場的訊息，這一年的財利將會架構在低接的策略上。

玉米 ➡ 消費市場增加，需求活絡

　　【坎為水卦】是2022年玉米走勢卦象。理論上這是個不理想的卦象，不過不是每一個【坎為水卦】的多空架構都是一樣的。就2022年【坎為水卦】的卦象多空架構角度來說，這是一種消費市場為指標的卦象，由於卦象中的玉米需求持續活絡，因此宜以正向的方式解讀不被看好的【坎為水卦】。

小麥 ➡ 操作機會大，值得投入

　　【澤天夬卦】是2022年小麥走勢卦象。這是個能量充滿的卦象，而卦象的多空架構中，出現價格上漲的現象，因此能量充滿的應該是財利，而不是產量。再加上卦象的氣數架構中，出現政策面的影子，因此小麥受到操作的機會也比較大。不過無論如何，農產品中比較值得投入資金的機會是小麥。

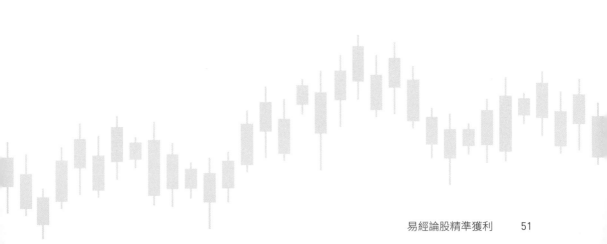

美元、歐元、人民幣、台幣

美元 ➡ 交易活絡，「融資貨幣」營造利差

【風雷益】是2022年美元走勢卦象。這是個氣勢活絡的卦象，對於事務執行而言，代表的是進可攻，退可守。對於投資求財的部份，則代表交易活絡。用在對於2022年美元走勢的預測上，則充分反應目前市場上的氣氛處於與聯準會未來策略亦步亦趨的現象。

單純就卦象而言，這數字有機會再向上攀高，因此美元計價商品依舊值得持有，而這個時候投資人將會運作以「融資貨幣」的方式營造利差。

再以卦象中的多空氣數架構角度觀察，發覺美元在2022年的主要方向還是維持在升值的姿態上，卦象中的近期市場同時也對整體需求前景疲軟感到憂慮，而這也是促成美元走強的訊息之一。由此可知【風雷益卦】的市場驅動特質值得投資人掌握，因此應該以投資標的來衡量對於美元持有的運作，即便taper加上了ing其靈活的態樣也不會改變。

歐元 ➡ 升值元素不明顯，歐元持續疲弱

【坤為地】是2022年歐元走勢的卦象。這是個具有不疾不徐，不溫不火特質的卦象。對於事務執行而言，代表的是平實、務實，必要的時候靜觀其變等待時機，不鳴則已，一鳴驚人。對於商務投資而

言，這是個養精蓄銳等待機會的卦象。把此種卦象意境連結在2022年歐元趨勢發展的觀察上，發覺還十分貼切，那就是歐元將會持續疲弱。

再以卦象中的氣數架構角度觀察，發覺卦象中促長歐元升值的元素並不明顯，而造成歐元疲弱的元素，不但凸顯同時還不斷展示能量，加上卦象中代表政策的元素，又再持續影響幣值的運作，從政策單位所釋放的訊息中不難印證此種卦象的真實性，那就是「仍願意在必要時干預外匯市場，以應對瑞郎的上行壓力」。

人民幣 ➡ 人為因素的趨貶，升值力道不佳

【坤為地】是2022人民幣走勢卦象。這是個平穩與溫和的卦象，對於事務執行而言，通常會以隨緣、隨和解讀之。不過也千萬不要被「坤卦」的溫和給欺騙，其實「坤卦」的基底是堅韌的，是韌性的，【坤為地】可以忍受在一定的範圍內異動與變化，但永遠有一隻無形的手在掌握著。

2022年的人民幣走勢占得【坤為地卦】，簡直就是一種十分貼切的宣言，那就是儘管人民幣對美元匯率曾在之前新冠疫情期間大幅走強，不過此種強勢不容易持續到2022年。就卦象而言，【坤為地】既有基底策略是不容易受到動搖的，更何況目前中國匯率制度並非自由浮動，卦象中的「坤象」意味著官方對人民幣匯率的態度將會「逐漸轉向」更加市場化。

再以卦象中的多空架構角度觀察，發覺人民幣升值的後繼力道遭受到管理，這應該是指政策性的阻升，而卦象中也出現人為因素的趨貶。不過這些現象與Delta變種病毒的爆發，損害中國內需活力有

關，而這也是阻升人民幣的背景因素，因此就【坤為地卦】的角度觀察，人民幣在2022年中強勁升值的風險是十分低的。

台幣 ➡ 順勢而為，長線投資美元計價商品

【雷風恆】是2022年新台幣走勢卦象。這是個具有恆常不變特質的卦象，對於事務執行而言，代表的是隨機應變與順勢而為，也就是雖然變化不大，但靈活性卻十分高。對於投資求財而言，也是如此。而對於2022年新台幣走勢的觀察來說，則是一種回歸市場機制的寫照。匯率走勢與發展，全世界的焦點都會擺放在美元的表現上，就卦象中的市場現象觀察，發覺經過疫情期間美國大量印鈔票救市，美元的供給量超高，隨著經濟復甦腳步，雖然縮減寬鬆政策雷聲極大，美元即便長線走勢是反覆震盪偏軟，不過強勢貨幣的態勢在短期間還是不容易改變。

從【雷風恆卦】的市場角度反推新台幣走勢，以及卦象中的多空架構角度觀察，發覺有一種被Hold住的感覺，一種新的區間架構容易出現，區間浮動並不大，其關鍵數字是8，因此就卦論卦的方式推測，新台幣兌美元容易在28元附近波動。然而就匯率的投資角度來說，美元計價的商品依舊值得長線投資。

壬寅年

風水造吉
財源滾滾

【風水造吉總論】
將自己歸零，營造「大好」風水能量

如果有機會重來，你希望你的人生劇本如何重寫？

如果生命的步伐可以整理後再出發，你想知道如何掌握嗎？

難道生活中只能承擔壓力和努力維持工作的穩定？但願有歸零轉變的機會。

　　龜苓膏，是養生食品中的御用聖品。歸零，是疫情期間整個社會的期待。有一種「人生重啟術」，也叫做歸零。那是一種回到原點的概念，找到初衷，再度啟航出發。重新調整過後再出發的人生，不但生命的風景不同，生命的溫度也截然不同，而這就是2022年的「九星風水」磁場特質。

　　9年出現一次的九星歸位，再度出現在2022壬寅虎年。九星歸位在風水的氣息上代表兩種現象，那就是所有的事物有機會調整後再出發，在運勢上也有機會以歸零的心態重新整理，不過得留意的現象是大好大壞，亦即所執行的事務容易以大好大壞的方式發展，因此趨吉避凶的運作成為十分重要功課。

　　壬寅年太歲星的氣勢中有一種蓄勢待發的衝勁，這股衝勁必須得到適當規劃，否則不只浪費文昌星與偏財源吉星，以及事業貴人星的福澤，並且錯過難得的「九星歸位」宜造「大好」風水能量的機會。

五黃煞也被稱為廉貞煞，是個十分凶厄的關煞星，這個星曜所飛臨的地方其凶無比，化煞的功課絕對少不了。按理說，這顆其凶無比的凶星進入到中央位置的2022年應該會是個非常不吉利的流年，不過就在「五黃星」重疊的時候，一股有趣的能量出現了，那就是化煞為權。

　　如果你只想要讓自己的2022年「大好」，而驅除「大壞」，那麼到位的風水布局就必須老老實實執行。

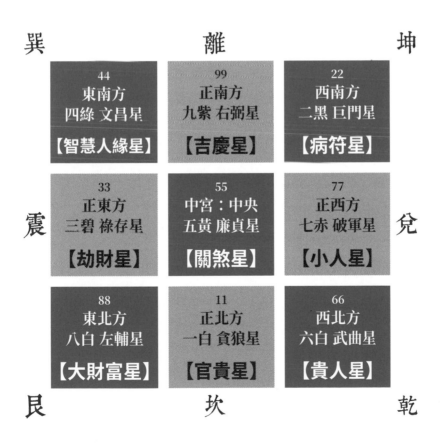

正北方　陰陽水魚缸，提升吉利正能量

真希望有貴人圍繞的感覺！

我很努力成為別人的貴人，但自己的貴人運就是不理想！

除了待人處事，風水上有提升貴人運的布局嗎？心情可以重新整理，請問貴人人脈可以重新整理嗎？子女的事業運好，我就沒煩惱，請問如何提升？

什麼是貴人？通常會將「貴人」和「伯樂」畫上等號，也就是賞識自己，提供舞台，讓自己可以展現才華的人。事實上，想要擁有貴人，最好的策略就是先成為別人的貴人。也就是從主動欣賞別人，主動幫助別人，主動提供機會給別人開始。時間久了，你會吸引一批和你一樣願意成為別人貴人的朋友，而這個時候的意境就是貴人圍繞。

在「九星風水學」中有一顆星曜「一白貪狼星」就是「貴人星」的代表。其五行屬水，位於正北方，是風水中的「一級吉星」，也被稱為「文曲星」，也是「財星」之一。布局得當的「貪狼星」，代表的是文武雙全、聰慧、名利雙收、財丁兩旺……，布局不當則代表職場失意、貴人不臨、有志難伸、破財、子孫不興……。因此如何提升「貪狼星」的正向磁場是好風水的要務。

風水開運策略

　　「貪狼星」在2022年回到故鄉，亦即本位「正北方」，換言之今年的「貪狼星」是能量充滿。在屋宅和辦公室的正北方擺放「陰陽水*」，最能夠提升「貪狼星」的吉利正能量，既旺事業，也旺財富。而在「正北方」擺放百子圖、石榴石、葡萄石、木雕葡萄（圖）、白水晶……，則可招賢納士，子孝孫賢，通常對於求子也具有莫大的助益。

　　事實上，讓「貪狼星」的名利雙收氣息如影隨形最好的策略，就是隨身攜帶黑曜石貔貅或神龍龜。

＊陰陽水的製作法

水缸：圓形透明金魚缸，大肚收口，荷葉邊缸口為佳（大小依自家環境決定，不宜過大）。

陰陽水：一半自來水，一半冷開水。八分滿即可。

細節：內置五彩水晶石或琉璃彈珠，再放入6枚1元硬幣代表六六大順，缸口頸部繫上紅色緞帶，再擺放黃金葛綠意盎然，則五行相生有序，既美觀，又可催丁旺富。

提醒：大約兩週更換一次，以農民曆上的吉利日辰為更換日。

西南方

擺放帝王水，
化解病符星厄運

你打疫苗了嗎？我是永遠都排不到疫苗的那一類，怎麼辦？

請問有提升居家健康磁場的風水布局嗎？聽說財務部門和業務部門都不可以設在病符位，但已設置了怎麼辦？聽說「病符星」很可怕，但有「化煞為權」的策略，真的嗎？

健康和財富只能選一項，你會選那一項？

健康是人生的第一財富！美國哲學家愛默生這麼說。

你可以用錢請人幫你開車，也可以幫你打掃，但用再多的錢也無法請人幫你生病！阿里巴巴集團董事長馬雲這麼說。

「飛星派風水」中有顆一級凶星叫做「病符星」，是憂愁抑鬱之星，具有弱化空間磁場，驅使病氣厄勢力的可怕負能。

「二黑巨門星」是「病符星」的學術稱謂，其五行屬土，先天方位在「西南方」，代表的顏色是黑色，由此可知為什麼生病的人氣色是暗沉的，而戲劇演出上的病人也會上暗黑病氣妝的原因。

「病符星」發凶的時候，最容易見到的凶像是莫名的疾病、死亡的病痛、破產、破財、婦科、腸胃、家庭失睦、夥伴失和、損人口（女性）……。

不過厄勢力得到化解的「病符星」，反而具有催旺財富的效應。

只因為「病符星」位於西南坤方，因此容易得到女性貴人的幫助，妻星賢慧，家庭產業可望興盛。而化解的方式十分簡單，請繼續看下去。

風水開運策略

　　2022年「病符星」回到先天的本位「西南方」，代表的是力量的重疊，於是厄勢力容易以倍數的方式提升，代表疫情在2022年還是不容易解除。這個時候，一定要用化解的方式降低「病符星」的厄勢力，並且「化煞為權」與「化病為富」。

　　傳統風水策略是在屋宅和辦公室的西南方懸掛葫蘆，或是擺放鍾馗雕像或懸掛圖像，但在請神容易送神難的忌諱下，這兩種策略都不鼓勵。自然就是最好的風水，既美觀又有效的策略就是擺放「陰陽水」，但由於2022年「病符星」的厄勢力加倍，因此建議擺放「帝王水」為宜。另外建議擺放黑曜石球或貔貅，讓黑色的神力轉化「二黑巨門星」的負能。至於白水晶、鈦晶等礦石都具有自然化煞的作用。

　　最值得一提的是，由於「西南方」是2022年的「歲破方」與「驛馬位」，因此主管老闆的位置最好搬離此位，而且「車關煞」務必化解，而「帝王水*」就是最好的化煞聖品。

＊帝王水的製作法

圓形透明玻璃水缸，缸口形狀圓形即可，內置「陰陽水」八分滿，再加上兩湯匙的「粗海鹽」。「帝王水」不需要更換，兩週添加一次水和一匙粗鹽。平日可將「帝王水」裝入噴水壺，噴灑身體、屋宅具有淨化作用。

正東方 擺放紫晶洞，化劫財為生財

相信嗎？我年薪百萬，戶頭數字卻永遠空虛。

我常到廟裡拜拜補財庫，真實生活中財庫好像還是破個洞！

合夥事業總是容易因為意見相左而傷和氣，除了溝通，可以透過風水布局幫忙嗎？

對於朋友我是兩肋插刀，但還是經常遇人不淑，真希望可以交到真心相對的貴人朋友。我準備合夥創業，除了遊戲規則定好之外，我還可以做什麼風水布局幫助事業順遂？

「飛星派風水」中有一顆星曜和「劫財星」劃上等號，那就是「祿存星」。「祿存星」也被稱為「賊星」，其性暴躁好勇鬥狠，因此又被稱為「蚩尤」。「祿存星」飛臨的地方若風水格局不佳，容易招官非小人，錢財遭劫。然而，如果風水格局理想，布局到位，反而容易因為貴人相助，而興家創業，財祿豐盈。由此可知，「祿存星」具有一體兩面的特質，就像朋友一樣是好是壞就看在什麼環境，以及彼此如何互動。

2022年的「祿存星」飛到「正東方」，也是「祿存星」的故鄉。「祿存星」雖為「劫財星」卻也是顆講求義氣的星曜，流年祿存和先天祿存重疊的今年，反而容易出現相互幫助渡過難關的風水特質。

「祿存星」五行屬木，先天位置在「正東方」，「正東方」正巧是今年太歲桃花位，因此屋宅和辦公室的此方布風水局，容易開啟人脈磁場提升人緣能量。

風水開運策略

化劫財為生財的好策略，就是讓「祿存星」綻放正能量，從喜悅的環境開始。

居家和辦公室的「正東方」擺放紫色花卉、紫水晶或紫晶洞，不但喜悅，同時有多了紫氣東來的貴助之氣。這個位置適宜大量採用紅色系列的布置，再加上柔和的燈光（鹽燈值得考慮），有機會引動「祿存星」的文昌氣息，旺財興事業。山主人丁，水主財，因此「陰陽水」也具有「化劫財為生財」的能量喔！

東南方 開運燈飾，旺文昌星能量

後疫情時代，掌握住化危機為轉機的節奏與策略，你就是贏家。後疫情時代，許多事業模式回不去，未來的機會你知道如何掌握嗎？

我的事業想要轉型，只能成功，不能失敗，希望風水布局可以幫上忙！許多的學習也許來不及，不過智慧的提升相信隨時都可以啟動，我相信文昌位風水的能量。

疫情結束後，全球每16人中有1人必須轉換職業。這是麥肯錫全球研究所 （McKinsey Global Institute）所發表的後疫情時代工作趨勢的報告。就現實而言，即便沒有轉換職業，也會面臨改變生活與執業的方式。而這個時候智慧和機會形影不離，羅斯福就曾這麼說：「限制我們明天成就的因素，並不是缺少機會，而是我們對眼前機會的遲疑。」而盧梭這麼說：「如果有本領的人，沒有具備化危機為轉機的智慧，他也會像沒有本領的人一樣窮困而死。」

「文昌星」是智慧星的代表，「風水飛星派」認為「文昌星」不但主掌功名利祿，同時也左右人緣、財源與事業機會。機會是創造出來的，而最重要的元素就是智慧。「文昌星」雖然是顆平星，不過「文昌星」飛臨的地方布局得當，加官晉爵與財源廣進都會是其吉利

效應。反之，「文昌位」風水不佳，則容易敗家散業，鬱鬱不得志。

　　「文昌星」五行屬木，先天位在「東南方」，「文昌星」喜歡乾淨明亮與清香，因此「文昌位」平時保持乾淨明亮，再加上清香花卉，想不旺都難。此處亦可擺放「聚寶盆」，可發智慧財、人緣財，商務買買與業務行銷人最需要的布局。

風水開運策略

　　2022年「文昌星」回到先天的位置「東南方」。由於力量的重疊，因此引動「九星歸位」的強大能量，由此可知後疫情時代的今年，只要你運用智慧創造或掌握住機會，你就是化危機為轉機的贏家。

　　在居家和辦公室的「東南方」擺放「文昌燈」，提升「文昌星」能量十分管用，可以是檯燈、立燈、吊燈、崁燈或鹽燈，以橙色或太陽色系為佳。香水百合與蝴蝶蘭都是提升「文昌星」能量的理想花卉，也可以擺放香珀與精油。由於2022年的「東南方」也是「太歲偏財祿」的位置，因此在此處擺放一盆「陰陽水」，對於催旺偏財具有莫大的助益。

中宮方 黑曜石貔貅，化煞迎福氣

　　兩年了！疫情給的壓力揮之不去，後疫情時代的風水布局就十分重要！後疫情時代，很多產業回不去，但我們家和公司的氣場依舊必須提升。後疫情時代，許多的焦慮需要去除，風水布局可以幫得上忙喔！

　　疫情遲早會結束或最終與人共存，但疫情期間所影響的生活改變肯定會留下來，即便很多產業回不去，但無論如何我們還是需要快速翻轉，讓延續生命的陽光照射進來。到位的風水布局，可以幫助生命的翻轉既快速又有效率，就從整個空間樞紐的「中宮*」開始布局。「中宮」的位置雖然在屋宅的正中央，不過大部分會以家人生活中心的「客廳」為代表，而公司就是主會議室或主要的外賓接待區。

　　2022年是9年一次的「九星歸位年」，亦即「飛星風水派」九顆星曜都回到先天的位置上，這是一種吉上加吉、凶上加凶的象徵，也是為什麼會是「大好大壞年」的原因。「五黃廉貞星」是「飛星風水學」中的極厄之星，代表的是莫名的疾病、飛來橫禍、損財富、成員的莫名脾氣而傷害關係。因此「五黃廉貞星」飛臨的地方宜靜不宜動，忌諱動土、破土、修造，更要避免擺放重物、高溫或振動的物品。

「五黃廉貞星」五行屬土，最需要規避的是凶煞星，因此也被稱為「關煞星」，先天位置就在屋宅的正中央。2022年的「九星歸位」讓「五黃廉貞星」回到的中央位置，於是出現兩顆凶星厄勢力重疊加成的現象，因此可以說2022年並不會是個平安年，因為「關煞星」的負能以倍數的方式放大。不過如果布局得當卻可「化煞為權」，轉危為安的效果也會加倍。

風水開運策略

　　「五黃廉貞星」五行屬土，雖然是凶煞星，不過如果化解得宜，反而會提供正向能量。由於「五黃廉貞星」疾厄無比，只能制化，不可用剋制法。而五行的「金」就是化解的理想元素，因此化煞的吉利顏色是白色，客廳可以擺放白色抱枕、白色陶瓷大象（象鼻要舉起）、白色花瓶、白色磁盤上擺放三顆蘋果，都代表平安。然而最神效的還是建議擺放「帝王水」，既化煞，又旺橫財。而黑曜石貔貅、神龍龜和內含九星、廿四山、先後天卦與六十四卦「三合、三元小羅盤」的「化煞為權」功效最為奇特。

＊「中宮」指的是屋宅正中央的位置。

　　「飛星派風水學」中將屋宅空間劃「井字」，稱為「九宮格」。「中宮」就是位於「九宮格」的中央位置。

　　對於家庭而言，其實「客廳」是家人共同生活的中心處所，因此「中宮」也泛指「客廳」。雖然「客廳」不一定位於「中央位置」，但不論在哪個位置都適合運用「中宮風水布局法」化煞並催旺家運。

西北方

白色水晶，
提升貴人磁場

爲何在工作上總是無法遇到「貴人」？

我要如何提升我的貴人運？

長官緣和長輩緣都是我最需要的，請問如何提升？

有人說「貴人可遇不可求」，也有人說「貴人可以自己創造」，我要信哪一種？

職場雖然未必爾虞我詐，但一個不小心還真的會把小人同事當成貴人。人脈就像存摺，你不理財，財不理你，而你不理人，人也不會理你。人脈是需要積極經營的，不過也有人積極經營人脈，卻存到一堆的惡友。回歸現實面檢視，將會發覺這些都是自己的「情商」所造成的，而改善自己「情商」提升貴人運的策略，除了改變性格，風水布局也可以直接派上用場。

「飛星風水派」學術中有一顆星曜主管職場貴人運，那就是「六白武曲星」，號稱「官貴星」是一級吉星。根據記載，以及陶文老師的實務經驗，發覺屋宅「官貴星」飛臨的位置風水布局的好，這家人的事業運格外順遂，職場表現也會獨樹一格，受到長官或長輩的提拔，升遷速度自然強過於別人。由於「官貴星」也是「財星」之一，因此「官貴位」布局的好，發「專業財」與「事業貴人財」的機率特

別高，尤其公職人員和專拿公家單位標案的人，更需要好好布局居家和辦公室的「官貴位」。值得一提的是，「官貴星」雖然是一級吉星，不過當風水不對或出現嫌惡設施或煞氣的時候，對於職場事業的傷害也是最大的。

「六白武曲星」五行屬金是尊貴之金，其先天位置在「西北方」，也是後天「乾卦」的位置。這個方位最好不要是廚房或高溫設施的地方，更不適宜見到大池塘或水庫，因為犯了「正神下水」的大忌諱。石頭、礦石、山水畫是最為理想的提升貴人運的元素。

風水開運策略

2022年的流年「官貴星」回到自己的故鄉「西北方」，於是出現「官貴星」的貴氣能量重疊而加成的現象，因此在此處布局貴人風水，事業運自然容易獲得吉上加吉的躍升。「官貴星」五行屬金，因此喜歡白色或金色的飾品，例如白水晶、鈦晶、虎眼石、愚人金都是理想的選擇，而紫晶洞、山水畫與馬*，也是具有提升貴人運的擺件。此處可擺放「聚寶盆」，為了發「貴人財」。

＊「官祿馬」馬的前蹄必須高舉，馬頭務必向外。

「山水畫」水必須向內流，畫中有池子較為理想，代表財庫蓄財。

正西方 開運擺件神龍龜，化煞招財正能量提升

我想化小人為貴人，除了自我調整，風水布局可以幫上忙嗎？我想提升公司的執行力，除了團隊文化外，風水上該如何布局？

後疫情時代，創業機會出現了，希望透過風水布局提升成功率！面對後疫情時代的組織變革，希望有強大的風水能量助一臂之力！

疫情的破壞，疫情的影響，讓整個社會都在轉變。2022年人們所面對的是破壞後的重建，即便有少數的行業因為疫情而受惠，隨著後疫情時代的來臨，也需要進行調整和優化。這個時候，人們最需要的就是魄力與勇氣，除了自信心之外，可以借助風水布局的方式，提升空間中「暗貴人」的能量，以及組織再造的決心與執行力。

「飛星風水派」中有一顆星曜被認為是凶星，那就是「七赤破軍星」，也被稱為「小人星」，代表的是口舌、官訟、是非和小人，因此一直以來都不受風水專家們的喜愛，恨不得除之而後快。事實上，「七赤破軍星」有其正向的一面，雖然肅煞之氣頗盛，卻也有破壞重建所需要的魄力，因此是創業家、企業顧問、律師、醫師和軍警將帥們的守護星。

翻手為雲，覆手為雨。「七赤破軍星」就是這樣的星曜，布局得

當就是披荊斬棘的霸氣之星，反之則成為了「小人、盜賊星」，你要哪一種？「七赤破軍星」五行屬金，色赤紅，號稱「肅煞星」，先天位置在「正西方」，具有遇吉則吉，愈凶更凶的星曜特質。

風水開運策略

2022年的「七赤破軍星」回到先天的位置「正西方」，流年星和本位星重疊的結果，「七赤破軍星」的特質就更加強大。對於後疫情時代而言，這是老天爺賜予的極大福氣，破壞後的重建，不能只靠意志力與蠻力，還需要風水磁場的借力使力。

藍色、黑色是居家和辦公室「正西方」的忌諱色系，黃色、大地色、白色和金黃色是絕佳的旺運色系。適宜擺放黃水晶、虎眼石、鈦晶與神龍龜，提升「七赤破軍星」的正能量。自然是最好的風水，因此開運擺件也最好以自然材質為佳。另外，建議擺放特製的「小羅盤」（內含九星、廿四山、先後天卦與六十四卦的「三合、三元小羅盤」）。

東北方

陶甕聚寶盆，大利財富累積

請問要如何提升買房運？很想把錢存下來，但總是力不從心！
提升居家和辦公室的財運該如何布局？聽說「五鬼運財」旺財很靈驗，會很可怕，很難布局嗎？疫情擠壓賺錢的機會，希望後疫情時代可以提升自己和家人的財運。

市面上有很多的存錢法，有「50元存錢法」就是每天存50元，3年就存下近55000元。也有「信封存法」和「分帳戶存錢法」，把總收入分成三份，一份家用，一份投資，一份緊急備用金永遠都不使用。還有………很多的存錢法，但還是許多人抱怨「錢不夠用」，因此除了存錢之外，如何提升財富能量也十分重要。

「飛星風水派」中有一顆星曜專門管理財富，不論是動產，還是不動產，都在其管轄範疇。這顆星曜就是「八白左輔星」，號稱「財星」，是九星中的二級吉星。「八白左輔星」是「貴人星」且是「陽貴人」，同時也是「大財富星」，由於具有聚財的神奇能量，也被稱為「財庫星」。「八白左輔星」五行屬土，也是旺田產的星曜。先天位在「東北方」，因此當流年吉星加持的時候，也是術數家布局「五鬼運財」的位置。不過值得一提的是，任何星曜都有一體兩面的特質，「八白左輔星」雖然是二級吉星，風水布局得當有助於廣置田產、家運興盛、事業鴻圖大展、業務人士業績長紅、丁財兩旺、名利雙收……。然而如果風水布局不當，則容易家道中落、傷人緣、損人口（小男丁），甚至於會引起「免疫系統的疾病」。

阿基米德說：「給我一個支點、我就能舉起地球！」說的是槓桿原理。2022年的「大財富星」回到其先天的位置上，於是就有了吉利能量加成的神效，在居家和辦公室的「大財富位」布局好風水，將擁有一個支點，一個財富、事業、家運、子女、田產……一次到位的槓桿支點。此種現象9年才出現一次，你是要積極掌握，還是Let it be？

風水開運策略

聚寶盆是「大財富方」最值得擺放的風水布局，既簡單，旺財效果又格外奇特，在「聚寶盆*」前面擺放一對黑曜石貔貅或神龍龜，則具有「五鬼運財*」的神效。而礦石、水晶或秀麗石頭則是旺田產、添丁的好風水元素。由於2022年的「東北方」也是「太歲方」，同時也是「太歲文昌位」，因此在此處點一盞燈，等於點「太歲燈」、「光明燈」「文昌燈」一般，任何燈器都可以，不過還是以「鹽燈」最為理想。

* **聚寶盆的製作法**
材質：陶土為佳，黃色、咖啡色、自然陶土色為佳，圓形大肚收口，有蓋最好，無蓋要用紅布或紅紙蓋住或擺到櫥櫃中。
內容：放置101枚硬幣，從1元到50元都要有，各幣值多寡隨緣。
儀式：依照書中吉日吉時或農民曆的吉日擺放，以後的吉日可以隨意再擺進或拿出，有進有出才是活錢。

* **五鬼運財**
溯源：原來是茅山派的催財符法之一，需要符籙和法術功力才能執行。
風水：東北方具向來被稱為鬼門方，據說是幽冥界的入口，因此在東北方的旺財布局被稱為「五鬼運財法」。
條件：此「五鬼運財法」還是需要適合的條件，2022年「九星歸位」是最為理想的流年。
儀式：在奇門遁甲的特定時間，擺放「聚寶盆」再加上黑曜石貔貅，旺財效果十分神奇。

正南方 紫紅色花卉，福氣來旺財富

功虧一簣的感覺真的很不好！

差臨門一腳的感覺是不舒服的！

很需要在關鍵的時刻可以有推一把的貴人！

家和萬事興，希望家庭和辦公室的氣氛隨時都是和睦而喜悅的。

人生最大的喜悅，就是有人在關鍵的時刻推上一把，這種及時雨的貴人真的太需要。三國時代的孔明如果沒有徐庶的極力推薦，就算再有才華恐怕很難有三國這一段順當的演出。由此可知想要成功真的還是需要「靠一點關係」，而這一點就是關鍵「臨門一腳」的那一點。後疫情時代，一路陪伴的大貴人固然重要，不過在關鍵時刻使出臨門一腳的貴人才是最神奇的貴人。這樣的貴人不會是求來的，也不會是無緣無故蹦出來的，除了平日的待人處事外，如何布局「催旺富貴」的貴人才是重點。

「飛星風水派」中有一顆急公好義的星曜「九紫右弼星」，雖然號稱「吉慶星」，卻是顆大好大壞的星曜，具有「趕煞催貴」的特質。換言之，當空間風水順當的時候，「吉慶星」將會展現「寅做卯發」的力量，用接地氣的話說就是「馬上發」。反之，如果空間風水

犯煞，則容易犯官司、招文書小人、爛桃花纏身，甚至於惡名遠播。因為「九紫右弼星」就是「貴人桃花星」。

　　「九紫右弼星」是「事業貴人桃花星」五行屬火，顏色紫紅色，先天位置在「正南方」，喜歡喜氣洋洋、歡慶氣氛的場域，因此屋宅與辦公室的「吉慶方」喜歡大紅大紫的布局，灰暗沒有生命的藝術品最容易招來煞氣。一般來說，擺放花卉是執行最有效的旺運風水策略。

　　2022年的「九紫右弼星」回到先天的位置「正南方」，這是9年一次的大結合，大好大壞能量的大結合。由於「正南方」也是「歲合方」與「太歲將星方」，因此這個位置的風水布局最直接受益的自然會是家人或辦公室成員的事業運勢。不過值得提醒的是，由於「正南方」同時也是「太歲官符星」的位置，因此風水不對官訟是非恐怕就要糾纏不清。

　　2022年居家和辦公室的「正南方」，建議擺放紫紅色花卉，開運桃花燈、紫水晶（晶洞）、木化石、紅瑪瑙、虎眼石球……，其中開運桃花燈還是以鹽燈較為理想。

壬寅年

生肖開運
招財迎福

主動出擊，掌握大好商機

你對於後疫情時代做好準備了嗎？
如果你還在擔心受怕，
那恐怕就要錯過轉變的大好機會了！

從「壬寅」太歲干支組合的角度觀察，發覺2022老虎年真的是個適宜用「三陽開泰」與「否極泰來」形容的一年。

從太歲五行氣數的角度來說，「壬寅」屬於水生木的組合，是一種太歲擁有「文昌星」的智慧與行動的寫照，這是個充滿機會的流年，在這一年中將會有許多的新公司如雨後春筍般冒出來，也將會有許多老公司或舊企業以新的型態重新出發。

只因為在「壬寅」太歲的特質中出現開創、轉變、出發、學習……與「文昌星」特質有關的氣息，換言之「壬寅年」也將會是個充滿商機的一年。

用虎虎生風來形容這樣的流年並不為過，因為除了主動出擊的「文昌」氣息外，同時也出現「偏財星」的氣勢，由於整體流年氣勢充滿著生命力，這是個值得冒險的商機年。只要掌握住正確的方向，再搭配規劃與步步為營的節奏，這一年的努力肯定見得到結果。

對於職場事務而言，在「壬寅年」太歲的氣勢下，這一年不但值得冒險，同時也值得進行獨特性的商務創新。在經過2021年的疫情擠

壓之下，商務與事業新型態不斷釋放出來，而2022壬寅年將會創造更高的新紀錄。

延續2021年《牛年開財運賺大錢》書中筆者的話，那就是「不選擇改變，將會被選擇改變」，2022壬寅虎年則是改變的延續，因此掌握太歲氣數主動轉變才是真正的聰明人。

不過即便如此，還是需要提醒的是，壬寅年其實也是個「動有餘，而靜不足」的一年，讀者朋友們需要的不是「以靜制動」，而是所有的行動最好經過深思熟慮和仔細的規劃，再以按圖索驥的方式依照計畫行事。

另外，宜運用「文昌星」的氣勢廣結善緣，組織團隊合作，在彼此相互幫助的型態下，讓成功成為可以規劃的一環。正所謂「用夢想組建團隊，讓團隊實現夢想」，「壬寅」虎年就是最經典的代表年。

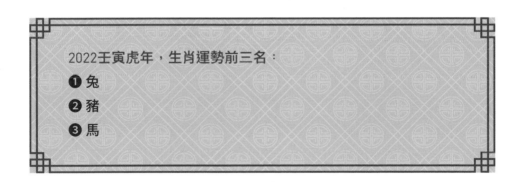

2022壬寅虎年，生肖運勢前三名：

❶ 兔

❷ 豬

❸ 馬

驛馬星動起來，開啟新生活

機會來了就該掌握！這已經成為「古有明訓」的一句話，對於壬寅年的老鼠而言，就像擁有夢想一樣，只不過想讓夢想成真還需要一些配套策略。

📅 流年運勢

「當機會來臨時，你是把握還是錯過？」吳念真導演讓人深省的問句，也是我們經常聽到的提醒，因此有人說「不要等到準備好才行動，而是行動了就會逐步準備好」，於是更有人說「開始行動才是最好的準備」。以上這些醒世箴言早已成為毋庸置疑的真理，不過對於2022壬寅年的老鼠們而言，恐怕就未必如此。擺在眼前的事實是，驛馬星和創造星交織的流年，對於老鼠而言，這樣的世界怎麼看都是機會，此時不行動更待何時？

亮點色系	幸運點色系	幸運數字	吉利方位
綠色、 紅色、紫色	白色、 金黃色、藍色	6、2、1、0 及其組合	西方、 西北方、正北方

幸運點色系：流年運勢最需要補充與強化的元素與色系。
亮點色系：根據宇宙大自然或太歲星所提供較豐富的能量，充分運用會成為開運亮點元素與色系。

驛馬星代表的是異動與行動，在驛馬星當道的流年，最容易見到就是搬家，轉換新的生活環境，以及轉換跑道更換職場環境，或者是念頭的轉變，一夕之間突然悟了。從傳統命理學術中，是哪一種牽動，就要看驛馬星的主氣落在當事人的哪個生活領域上。對於老鼠而言，2022壬寅年的驛馬星落在三個生活領域上，第一個是與行動、學習、開創、出發、轉變、國外事務……有關的生活領域，因此這將會是個生活態度否變的流年，有一種開啟新生活的概念。第二個就是價值觀的領域，老鼠們極容易像開悟一般，對於生命價值觀有新的註解，生活也容易像注入營養劑一般。第三個則是成就感的領域，容易出現一種希望有所作為的感覺。於是這一年讓老鼠們陷入忙碌的節奏中，而這是一種愉悅的忙。

　　機會磁場出現，生命價值觀也轉變，也更積極面對自我成就，只不過在壬寅太歲氣數中仍缺乏統籌的部份。在整體運勢的加分上，「家」是最需要用心的地方，事務如：買房、裝修、改變擺飾、調整風水……，而在成功目標的達成上，良好的策略將會是考取證照、進入以系統運作為主的公司、組織自己的團隊、規劃後步步為營、以時間換取空間……，都是讓2022壬寅年夢想成真，實現理想的策略。

事業運勢

　　轉機是可以設計的！老鼠們最好相信。因為接下來後疫情時代的壬寅虎年，就是老鼠們的事業轉機年，卻也是事業危機年，關鍵在於老鼠們是否做好精心設計，白話說就是做好規劃。

　　這一年中機會將會如雨後春筍，也許有的老鼠們面臨是疫後的事業復原，也或許是不得不的轉型，甚至是新事業與新型態的出發，只

要做好規劃，再按部就班，步步為營，2022對於老鼠們而言，將會是個事業生命的啟動年。

有人說「我好累！」累就對了，因為那是「驛馬星」發動的象徵，只不過老鼠們需要的是事先調整好馬匹奔馳的方向，一旦方向對了，策略也對了（隨時調整），那麼這將會是個豐盛的一年。

財利運勢

虎虎生風是老鼠們今年流年財利運勢的形容，接地氣的說法就是遍地黃金。只因為太歲氣數結構中老鼠們的「財源吉星」氣勢活躍，而「正財星」也十分亮眼，按理說這應該是個發財滾滾的一年。答案當然是肯定的，只不過先決條件必須架構在正確的策略上把錢留下來。

這個時候儲蓄型標的與策略，將會是理想的投資發財法則。對於有意購買屋宅或換屋的老鼠們來說，則是十分理想的進場年，不但吉屋好宅可望覓得，同時也容易談個好價錢，並且把虎虎生風的財富給留下來。

股市投資求財則以傳產、資產與生活消費概念股為佳。整體而言財利以春天與夏天較旺，秋天觀察，冬天低接。

情緣運勢

疫情期間讓人憋不住的不只是事業、工作和旅遊，還有愛情這檔事。對於女老鼠而言，這是個「正緣星」職事的流年，再加上「驛馬星」的助威，也就等於「紅鸞星動」。雖然有些年次的女老鼠們容易

遇到具有「情史顧慮」的對象，不過只要能把握當下與未來就是屬於成熟的愛情。已有伴侶的女老鼠們，宜好好珍惜。

　　由於這是個事業能量超強的一年，因此男老鼠們最好聚焦在事業上為佳，就好像「書中自有黃金屋，書中自有顏如玉」一般，事業有成，愛情自然不在話下。已有伴侶的男老鼠，另一半是你的事業貴人。其餘老鼠們即便沒有愛情，也需要把愛巢布局好，迎接「財祿吉星」的進駐。

開運風水

　　風生水起好運來，布局風水的目的不只是鼓動磁場，還要提升空間能量，讓整體流年運勢獲得平衡式的發展。2022壬寅虎年對於老鼠而言，屬於典型的動有餘而靜不足的流年，這個時候除了做好行事策略的規劃外，居家與辦公室風水布局十分重要。詳細方法請參考「風水造吉篇」。

　　老鼠本命五行屬水，本命方位在正北方，因此本命吉利五行是金、水，方位則是北方、西北方和正西方，而這些方位正巧是今年的流年幸運方。老鼠們除了隨身攜帶龍龜珮飾外，居家或辦公室的正西方宜擺放黃水晶或黃色擺飾，西北方則擺放白水晶或白色擺飾。

流年運勢亮點顏色與方位：：東方、南方。綠色、紅色、紫色。
流年運勢幸運點顏色與方位：西方、西北方、正北方。白色、金黃色、藍色。
流年貴人生肖：雞、猴子、老鼠、豬。

屬鼠各年次流年運勢

1996 年的老鼠（民國85年，丙子年，27歲）

歲德吉星高高掛起的2022年，對於1996年的老鼠而言，今年的流年亮點將在事業上。這一年值得集中火力，把所有的精力聚焦在事業上，因為辛苦有成，而且是大大有成。不過由於家庭運勢也十分理想，人對了，婚姻的事就不該猶豫。財運佳，是因為容易存到錢，因此投資標的應該以儲蓄概念為佳，有意購屋置產的老鼠值得進場，因為這更是個成家立業年。流年幸運點則在學習與開創。

1984 年的老鼠（民國73年，甲子年，39歲）

英雄退出，團隊勝出。這是團隊運作的口號，對於1984年老鼠而言，是十分貼切的流年運勢註解。這是個以組織運作為佳的流年，因此建構自己事業體的系統，只問系統，無須擔憂勞碌。至於考取證照則是讓政府為自己背書，因為這一年的運勢亮點在於借力使力。偏財運勢亦佳，投資求財有利可圖，創業有成。情緣運勢並不理想，已有伴侶的要珍惜，單身適婚者就別急於一時。

1972 年的老鼠（民國61年，壬子年，51歲）

文昌星值歲，老鼠們的機會氣息十分活躍，尤其是因為「人」而帶來的動能，讓老鼠們感覺後疫情時期動能滿滿，而這就是老鼠們今年的運勢亮點，那就是正確掌握機會，老鼠會紅。事業值得積極轉變

策略，學習新專長，年齡不是問題。不過還是要提醒的是，需要妥善規劃並且預估風險，進可攻，退可守，才是最完美的境界。情緣運勢女優於男，男士們宜提防招惹爛桃花。財運佳，劫財星也旺。

1960 年的老鼠（民國49年，庚子年，63歲）

人因夢想而偉大，不過夢想卻因人而實現。這是個有機會勇敢做夢的流年，而這些夢想也將有機會因為老鼠們的行動而實現。如此看來，這是個「動能」十足的流年，只因為「驛馬星」掌握太歲星的氣息。人生不算短，也不很長，有機會讓生命更圓滿的時間並不多，今年值得老鼠們掌握，而這是老鼠們的流年運勢亮點。而幸運點則是貴人磁場，暗貴人等著老鼠們去開發，就從廣結善緣開始。

1948 年的老鼠（民國37年，戊子年，75歲）

欲望愈少愈好，淨空法師這麼說。欲望小了，幸福大了，很多人這麼說。對於老鼠而言，並不是今年的欲望格外多與大，而是老天爺賜給老鼠們更多想完成的欲望。這是個忙碌的年，既然如此，那就給自己更多的學習機會，這是流年亮點。 而人脈則是今年的幸運點，即便參加志工也無妨，父好朋友延年益壽。

屬鼠流月運勢

宜謹慎面對的月份：五月、六月、九月、十一月

正月 運勢（國曆2/4～3/5）

　　新春之月，也是驛馬月，對於目前的後疫情時代，出遠門宜做好該有的防護。一年之計在於春，機會星與創作星交織的本月，又有了朋友的引動，這是個可以為新事業或事業轉型做功課的月份。正月財運佳，投資求財可更積極。

二月 運勢（3/5～4/5）

　　太歲桃花月，同時也是老鼠們的本命文昌月，這是個人際關係磁場活絡的月份，本月大利廣結善緣。雖然「紅鸞吉星」發動，整體情緣比較容易出現在職場上，不過還是宜謹慎表白。本月大利新事業的出發，事業轉型也值得嘗試。

三月 運勢（4/5～5/5）

　　本命三合月，按理說應該是吉利的。只不過由於太歲「喪門星」值月，本月不宜弔唁、探病，再加上月犯「五鬼星」，謹言慎行之外，對於新事務的執行稍安勿躁為宜。不過太歲文昌星照拂，還是適宜規劃未來的計畫。

四月 運勢（5/5～6/6）

這是個亮麗的月份，本命月德吉星照拂，女士們的情緣運勢頗佳，不過本月還是不宜嫁娶，男士們則宜謹慎再謹慎。雙文昌星併臨，老鼠們的才華容易受到肯定，因此對於事業值得努力。財運亦佳，投資求財宜以納財為先。

五月 運勢（6/6～7/7）

本命六沖月，「大耗星」主事當家，重要抉擇與出發稍安勿躁為宜。嫁娶之事自然是忌諱。健康星磁場並不理想，多喝水，減少進出公共場所的機率。太歲「將星」與「官符星」併臨，事業上的法律事務還是委請專家幫忙為宜。

六月 運勢（7/7～8/7）

事緩則圓，雖然這個月的磁場充滿著許多吉星、龍德和紫微星，以及歲德星，不過由於屬於本命三煞月，再加上六害星與歲耗星的妨礙，重要吉事還是另擇他月再執行為宜。健康星磁場還未恢復，除了多喝水，養生事宜馬虎不得。

七月 運勢（8/7～9/7）

運開運散的月份，經過兩個月的謹慎，老鼠們終於可以大展身手，只因為本命三合星和福祿星照拂。不過值得提醒的是，由於正福「歲破」，大環境並不理想，人多的地方還是少去為妙。對於有意購

買屋宅的老鼠而言，這是理想的買房月。

八月 運勢（9/7～10/8）

四大吉星併臨，月圓人團圓的本月，也是老鼠們的幸運月。太歲龍德、天喜、福德、天德和福星照拂，再加上桃花星也盛開，廣結善緣的大好時機，同時也是成家立業的吉利月。本月十五日請記得祭拜龍德星君，以保一整年的好運。

九月 運勢（10/8～11/7）

太歲三合月，大環境的磁場是吉利的，同時也是充滿商機，商務買賣與業務行銷老鼠值得努力。不過值得留意的是「太歲白虎星」與「血刃星」的干擾，建議捲起袖子捐出鮮血，一紅可化九災喔！情緣方面，女老鼠比男老鼠幸運多了。

十月 運勢（11/7～12/7）

歲合星主事的本月，整體磁場是幸運的。從「歲祿星」就是老鼠的「貴人星」看來，對於事務的執行而言，這是個如意順遂的月份，不過還是得從勤於參加朋友聚會或線上網聚廣結善緣開始。然而即便如此，本月還是不宜嫁娶。

十一月 運勢（12/7～1/5）

本命之月，向來就容易發生大好大壞的運勢現象，只因為能量的

重疊。換個角度來說，這是個極容易陷入自我矛盾漩渦中的時刻，因此豁達成為理想的趨吉避凶。此種現象職場事務為最。情緣方面宜防變數，不宜嫁娶。

十二月 運勢（1/5～2/4）

六合吉星照拂，按理說應該是吉利的。不過由於正逢「太歲三煞」的緣故，整體大環境是不理想的，這個時候最適合運用借力使力策略，放大本命吉數，而化解歲煞星厄勢力。本月大利嫁娶，年終歲末也是幸福成家的好時機。

註：農曆正月以立春開始計算，括號內國曆交接以節氣時辰界分。

學習讓行動更有力道，目標容易達成

財官相生的流年，代表的自然是名利雙收，由此可知對於牛族們而言，這是個值得打拼的一年。只不過在順當承接名利磁場之前，恐怕還是需要做好承接的功課……

📅 流年運勢

生活中的努力無非就是為了事業的平順，財富的倍增，家庭喜樂平安。壬寅虎年對於牛族們而言，就是這樣的流年，太歲星不但將財富的能量準備好，同時還提供事業與名氣的大磁場。因此對於牛族們而言，這是個值得加倍努力的流年，就從設妥目標，提升自我價值觀開始。

不過值得留意的是，在整體流年氣數排列中，學習成為讓行動更有力道，目標更容易達成的必要策略。開卷有益是一種學習，安排專

亮點色系	幸運點色系	幸運數字	吉利方位
綠色、藍色	紅色、紫色	6、2、1、0 及其組合	正南方、 東南方、正西方

幸運點色系：流年運勢最需要補充與強化的元素與色系。
亮點色系：根據宇宙大自然或太歲星所提供較豐富的能量，充分運用會成為開運亮點元素與色系。

業領域的課程更是一種自我提升的學習，走出習慣的領域廣結善緣同樣是一種學習。換言之，這是個行動的流年，太歲星雖然把機會準備好了，不過還需要牛族們的積極行動才有機會掌握。或許就是另一種「萬事俱備，只欠東風」吧！

「化煞為權」這是命理學中趨吉避凶的術語，說的是將不協調能量轉化成可以運用的強大正能量。對於牛族們的2022年整體運勢，這是另一個十分重要的關鍵課題，唯有如此才有機會將「名利雙收」的大磁場盡收囊中。

首先需要規避的是「歲煞星」，壬寅年的歲煞在「東北方丑辰次」。「歲煞方」指的是一年中三方四正晦氣集中的位置，因此這個方位不宜動土和修造，安神作灶都需要謹慎規避。至於「歲煞星」指的就是存在莫名壓力與阻礙能量的星曜，雖然極為不吉利，不過只要化解得宜不但無礙，並且能夠「化煞為權」，反而更加壯碩，至於化解方式請閱讀「生肖開運風水篇」。

還需要提醒的是「病符星」厄勢力的紓解，剛卸下太歲重責的牛族們將會進入傳統提醒的「病符星」範疇，這一年除了留意養生，維持正常作息和不過度勞累外，最重要的是居家風水的到位布局。

事業運勢

太歲官祿星照拂，事業運勢自然如日中天。這一天牛族們將會出現許多的想法與企圖心，掌握住這些想法與規劃，牛族們應該有機會開創出一番新事業景象來，對於有意轉型的企業家們來說，這更是千載難逢讓事業興旺的好流年。

只不過由於「歲煞星」的緣故，行動力強固然重要，不過全盤的

規劃卻也缺之不得，而規劃的重點將會在於風險評估與化解。當最壞的結果能夠被接受的時候，牛族們就請大展身手積極行動。

換個角度來說，這一年不缺成就，缺的是盡情揮灑的環境。這樣的流年宜以人和為貴，耐得住旁人的閒言閒語，牛族們就是贏家。考取證照則是一勞永逸的穩固策略。

財利運勢

財星高照是一種祝賀語，不過對於2022年的牛族們而言，卻是實實在在的熱絡現象。只不過，想讓財星可以真正照拂荷包，而不只是過路財神，牛族們就要做好、做足趨吉避凶的功課。

財源吉星是理想的旺財吉神，而這顆星和驛馬星處於同樣的位置上，對於經營海外生意的牛族們而言是大利多，一般商務牛族們也有機會透過網路開啟無遠弗屆的財利。

對於一般牛族們而言，這個財源吉星代表的就是學習，學習賺錢的本領，學習第二或第三專長。

整體而言，財利運勢以冬天最旺，秋天低接，夏天收成。傳產、能源、電池、資產概念股是理想標的，這是大利買房年值得進場選購。

情緣運勢

不宜嫁娶，這是2022年牛族們的婚姻嫁娶建議，只因為「歲煞」的緣故。婚姻是一輩子的事，因此必須受到最好的祝福，包括整體的宇宙磁場在內，因此還是莫鐵齒為宜。不過有趣的是，壬寅虎年卻是

紅鸞星動年，不過即便是矛盾，也還是謹慎為宜。

對於女性朋友來說，由於「正緣星」明顯因此這也會是個容易遇到理想對象的流年，只不過此「正緣星」的磁場受到干擾，因此有必要多給自己一些時間觀察，避免誤闖雷區。

男士們可就要謹慎面對情緣事務！除了「偏緣星」作祟之外，也由於事業氣勢佳，需要更多的精力經營。已有伴侶的男士們，宜珍惜另一半因為她是你的事業貴人。

開運風水

牛族們的本命五行屬土，雖然喜歡火氣相生，不過土氣已然沉重，需要金與水的元素紓解，因此白色、銀色與金黃色是吉利的色系。

名利雙收雖然是2022年牛族們的流年大禮，不過剛卸下太歲重責的牛族們，或許因為能量的過度使用，「病符星」馬上找上門，再加上這一年又是「歲煞星」值年，因此想要真正享受「名利雙收」的滋味，恐怕必須老老實實掌握火的元素。

2022年的正南方是「左輔貴人星」飛臨的地方，擺放紫水晶、紫晶洞、綠色盆栽、紫色飾品，可化煞為權，真正提升名利雙收的好運勢，而隨身攜帶「龍龜」則又可化解「驛馬星」帶來的交通安全負能。

流年運勢亮點顏色與方位：北方、東方。綠色、藍色。
流年運勢幸運點顏色與方位：南方、東南方、正西方。紅色、紫色、白色。
流年貴人生肖：蛇、雞、豬、羊。

屬牛各年次流年運勢

1997 年的牛 （民國86年，丁丑年，26歲）

歲德合吉星照拂，牛族們是2022年幸運生肖，這其中尤以事業運勢最為理想，由於家庭運勢亦佳，因此這是個典型的成家立業年。由於太歲驛馬星主導牛族們的行動力，因此這一年中最不需要懼怕的就是奔波與改變，主動出擊，可望主動掌握機會。由於財利運勢變動極大，因此穩定型的投資策略與標的值得關注。值得提醒的是健康的管理，奔波不代表可以過度勞累。

1985 年的牛 （民國74年，乙丑年，38歲）

我是誰很重要，更重要的是和誰在一起。當太歲星是牛族們朋友的時候，代表這是個人脈磁場活絡的一年，因此廣結善緣成為最為理想的旺運策略。拜疫情所賜，透過網絡世界，人脈能量已然無遠弗屆。合作的能量與機會也格外活絡，組織團隊互助、互益、共好、共榮，牛族們的事業可望獲得拓展。男士們宜謹慎面對情緣事務，招惹爛桃花麻煩很大喔！家庭運勢佳，幸福的窩會更幸福。

1973 年的牛 （民國62年，癸丑年，50歲）

有道是「成功靠借力，而不是盡力」，借力使力少費力是聰明策略，不過許多時候此種借力法所借的並不一定是人的力量，智慧與學習都是借力的方法。對於牛族們而言更是如此，只因為這一年的人脈

能量雖然活絡，不過宜提防遇人不淑，人錯了，努力容易白費。於是乎，人云亦云成為流年大忌諱。女性情緣運勢頗佳，因此不對的對象不需要過於執著。男士們則宜提防誤踩桃花地雷。

1961年的牛（民國50年，辛丑年，62歲）

雖然說「天下武功，唯快不破」，過於急躁的快速，反而容易為自己找來麻煩。換個角度來說，對於牛族們而言，這將會是個以靜制動的年，雖然流年亮點在於行動，不過幸運點卻出現在縝密的規劃上。目標明確，行動方向才能準確，能量也才能全力施展，然而節奏與時程的安排缺之不可。事業的轉型如此，投資求財策略也是如此。情緣運勢，女優於男。

1949年的牛（民國38年，己丑年，74歲）

健康是最大的財富。雖然牛族們理想依舊充滿，活力也十分旺盛，這是個有機會實現夢想的一年。不過由於健康星磁場並不理想，因此流年重心課題還是擺放在養生為佳。把居家環境整理好，家庭氣氛經營好，再加上正常的飲食與作息，沒事多看看外界接觸新鮮的事物，這將會是個幸福而精彩的一年。雖然事業能量依舊理想，不過學會放下才會擁有更寬廣的生命空間。

屬牛流月運勢

宜謹慎面對的月份：三月、五月、六月、九月、十二月

正月 運勢（國曆2/4～3/5）

雖然出現了「紅鸞星」，但本月還是不利嫁娶。新春期間，恭賀新年，廣結善緣。財官祿併臨的本月，大利為一整年的事業做好規劃，尤其是團隊與系統務必更緊密運作。本月最為吉利的色彩是紅色，代表的是貴人與福氣。

二月 運勢（3/5～4/5）

無心插柳柳成蔭，這不是在掉書袋，而是真實的流月寫照。偏財星再加上異路功名的元素出現在月令氣數中，這是個有點子就該有好執行力的月份。雖然「五鬼星」作祟，只要做好規劃，再步步為營，自可免功虧一簣。情緣男優於女。

三月 運勢（4/5～5/5）

本命三煞月，諸事不宜。三煞星是三方四正晦氣聚集的星曜，容易引起莫名的阻礙與困擾，即便是勢在必行的重要事務也需要謹慎執行。不過大環境是活絡的，只因為「太歲文昌星」照拂，事業上的努力還是該不遺餘力進行。

四月 運勢 （5/5～6/6）

　　三合吉星照拂，本月諸事皆宜。雖然出現「歲絕星」與「歲害星」併臨的現象，不過牛族們只要依照既定的計畫行事，一切都將順遂如意。成家立業的大吉月，有意購買屋宅的牛族可進場賞屋。家庭運勢佳，團隊磁場也正向，凝聚向心力正是時候。

五月 運勢 （6/6～7/7）

　　太歲將星月，大環境的事業磁場頗佳，不過由於是牛族們的六害月，在運作職場事務的時候，建議多保留一些空間給彼此進退之用。本月大利廣結善緣，因為「祿神桃花」充滿祝福，貴人容易獲得積累。許多事情最好在本月開始，以避開下個月的衝剋。

六月 運勢 （7/7～8/7）

　　六沖之月，諸事不宜。雖然仍舊出現「歲德合吉星」和「月德吉星」併臨的現象，不過牛族們的重要吉事還是避開本月為宜。健康星並不理想，本月需要特別用心執行養生事務。人際關係需要多份心思，溝通需要更多的耐心。

七月 運勢 （8/7～9/7）

　　傳統的七月，總是會有很多的警訊，再加上「歲破」，按理說應該是諸事不宜。然而對牛族們而言，尊重就好。這是一年中最為吉利的月份，太歲驛馬星發動，貴人、龍德和紫薇本命三大吉星併臨，該

掌握的機會宜積極掌握。只是交通安全宜多留神。

八月 運勢（9/7～10/8）

月圓人團圓，圓滿的季節，又是本命三合將星的月份，本月諸事皆宜。事業職場上的貴人明顯，合作機會宜掌握。佳節的祝賀愈多愈好，禮多人不怪就在此時，主動出擊積累貴人籌碼。中秋宜拜龍德吉星添福壽，本月捐血可避開百虎之厄。

九月 運勢（10/8～11/7）

不協調的磁場，讓這個秋老虎的月份感到沉悶。牛族們需要新鮮的空氣，為自己安排學習的課程，即便是線上學習同樣具有轉化不協調的作用。順著智慧星高透的現象，積極執行廣結善緣的策略，極容易開啟第四季的好運勢。健康的維護是本月首要課題。

十月 運勢（11/7～12/7）

冬天來了，不怕冷風凌厲，只怕沒做好迎接吉祥流月的準備。接下來的十月和十一月都將會是2022年最為理想的幸運月，財源吉星與財祿吉星氣勢明顯的本月，商務買賣與業務行銷都值得加把勁。驛馬星動了，是轉換跑道的理想月。

十一月 運勢（12/7～1/5）

六合之月，諸事皆宜。再加上歲德吉星和財祿吉星併臨，本月不

但幸運，同時也有旺旺的財運。雖然如此，對於商務買賣而言，能夠在本月完成款項收受的就不該延到下個月，因此股市投資求財也宜以調節為先。男士們的好情緣重點在專注。

十二月 運勢（1/5～2/4）

本命伏吟的現象，讓這一個月的運勢受到擠壓，年關近了，壓力也重。本月不利嫁娶。由於健康星氣勢不佳，宜留意水分的補充。這也是太歲三煞月，重要吉事避開本月為宜。歲末年終，檢視一年的事務執行率，整理規劃後準備迎接新年的來臨。

大好或大壞的一年，謙虛是首要課題

12年一次的當家作主，老虎們要發威了！只因為老虎們是2022年的太歲星，不過也有人說「太歲當頭坐，無災必有禍」，聽起來怪可怕的。是福，是禍，老虎們請仔細閱讀……

流年運勢

太歲星在傳統上被視為職掌一年整體氣勢的神祇，因此太歲星的地位就像君主皇帝，神聖而不可冒犯。這就是每年、每個人，不論犯不犯太歲，沖不沖太歲，都需要安太歲的原因，而這也是民俗上類似繳保護費的一廂情願概念。然而即便如此，就自我提醒和自我激勵的角度來說，安太歲的確有其必要。

從「犯太歲」的角度來探究，2022壬寅虎年太歲星位於「寅辰次」，而屬相虎的辰次也在於寅，於是就出現了冒犯太歲星的「犯太

亮點色系	幸運點色系	幸運數字	吉利方位
綠色、藍色	紅色、紫色、白色、黃色	3、4、1、5及其組合	東方、東南方、北方

幸運點色系：流年運勢最需要補充與強化的元素與色系。
亮點色系：根據宇宙大自然或太歲星所提供較豐富的能量，充分運用會成為開運亮點元素與色系。

歲」現象。再以「太歲當頭坐，無災必有禍」的角度來說，老虎們在2022壬寅虎年必須恭恭敬敬，虔虔誠誠安太歲，以保一年的平安順遂。

然而也以與太歲星同樣辰次的角度來說，既然屬相虎與太歲虎相同，那麼就代表老虎們擁有和太歲星一樣的氣勢，這就是為什麼陶文老師會一開始就恭喜老虎們的原因，因為12年一次的輪值，老虎們要發威了！

既然擁有太歲星的氣勢，那麼這一年運程自然會是勢不可擋，對於後疫情時代的反轉具有莫大的助益。也就是此種「勢不可擋」氣勢，讓老虎們容易嘗到大好大壞的運勢特質，於是謙虛成為流年的首要課題，就從學會慢活開始，凡事三思、謹慎，如猛虎獵物一般謀定而後動。

如此一來，不但「五鬼」不犯，自我定位也不容易受到「伏吟」的侵噬，而「暗劫財星」的歡喜劫財現象，也將會降到最輕微，於是壬寅虎年的吉利星曜才有機會展露身手，而「祿神星」、「文昌星」、「偏財星」和「福綏星」就是照拂老虎們的吉利星曜。如此看來，12年一次的當家作主，老虎們真的要發威了！至於更詳細的趨吉避凶請閱讀「生肖開運風水篇」。

事業運勢

太歲之年氣勢旺，安太歲的同時，也需要安貴人，只因為「五鬼星」作祟，這是個十分容易招小人而不自知的一年。安貴人最好的策略並不在於去「五鬼」，而是先成為別人的貴人，並且從生活互動上的肯定和讚美開始。

對於老虎的事業運而言，2022是個「官祿驛馬年」，代表的是如果想發達就不能閒下來，愈忙愈旺，就是這個意境。經營海外事業的老虎，事業運的活絡可想而知。一般老虎則代表著另一個訊息，那就是轉型，更換跑道也是其中的理想選項之一。

挾著太歲星和文昌星的氣勢，老虎們要考取證照的機率十分高，事業要貴人與靠山，大公司是靠山，而政府認定的證照更是最大的靠山。

 ## 財利運勢

偏財星明顯，商務買賣有機會更加活躍，而業務行銷業也有機會嘗到業績長紅的滋味，因此這是個值得給予更多付出的流年。換個角度來說，那就是辛苦有成。

有道是「人脈就是錢脈」，只不過前提是此人脈，必須是有效的人脈，因此想要業績翻倍，商務翻揚，平日廣結善緣的功課務必勤快執行。由此可知，對於老虎而言，這將會是個有很多機會可以藉著合作營造商務財利的流年。因此一個重點出現，這樣的流年「人」是關鍵元素，人對了，一切都對了，反之恐怕就很難想像。

「暗劫財」指的就是此種一刀兩刃的人事物，因此風險意識缺之不得。投資求財方面，穿戴、航運、汽車、通訊……概念標的，值得策略經營。

 ## 情緣運勢

人際關係磁場活絡的今年，情緣能量也將同步精彩。只不過當魚

與熊掌無法兼顧的時候，恐怕這樣的情緣活絡年經營就必須給予適當的策略。

對於男士而言，由於「偏緣星」氣勢格外明顯，因此「不是你的菜，就別掀那個蓋」，勇敢冒險的精神應該擺放在事業和商務上。已有伴侶的男士們，另一半不但是貴人，而且是財神爺，宜格外珍惜。

對於女士來說，這是個宜精力聚焦在自我成長與工作上的一年，愛情隨緣就好。該是妳的跑不掉，強摘的果子不甜，欲擒故縱不但是策略，同時也是一種考驗。已有伴侶的女老虎，別忘了繼續自我成長，許多甜蜜的愛情其實是被理所當然給耽誤。

開運風水

趨吉避凶其實是兩碼事，當「凶厄」規避之後，趨向「吉利」的機會自然大增。對於老虎而言，2022年開運首要課題就是避凶，那就是避開太歲星的負能，除了安太歲和謹言慎行，在風水布局上就要比別的生肖更加用力到位。

老虎本命五行屬木，最需要水木元素生助，本命吉利顏色為綠色和藍色，吉利方位為東方、東南方和北方。

壬寅年是老虎如魚得水的一年，因為太歲星提供水木元素，於是火土成為開運必備元素。正南方火元素的磁場最強，屋宅和辦公室的正南方宜擺放馬造型擺件或圖騰，以前蹄舉起之神氣馬為佳。東北方則擺放黑色的豬造型擺件或圖騰為的是「合太歲」，隨身配戴「龍龜」更加理想。

流年運勢亮點顏色與方位：東方、東南方、北方。綠色、藍色。
流年運勢幸運點顏色與方位：南方、東北方。黃色、大地色、紅色、紫色。
流年貴人生肖：豬、馬、兔子。

屬虎各年次流年運勢

1998年的老虎（民國87年，戊寅年，25歲）

經常聽到的一句話，那就是「心在哪裡，世界就在哪裡」，對於現實生活而言，代表的是在哪裡付出，哪裡就容易浮現成就。這是個「財官相生」的流年，指的是事業和財運條件元素都十分理想，需要的是學習與開發條件元素的提升。換言之，這一年想要讓事業更上一層樓，最為直接的策略就是學習。男士們宜體驗書中自有顏如玉的意境，而女士們則宜珍惜正緣星的出現。

1986年的老虎（民國75年，丙寅年，37歲）

有人說「失敗的原因很多，而成功肯定有個方法」，對於老虎來說，這是個有機會找到這個方法，讓自己成功的流年。太歲星提供事業貴氣，還有運作這個貴氣的舞台，接下來就看老虎們如何運用。事業有成，幸福也很有感。換個角度來說，成家立業容易成為今年的故事主軸。

有意購買屋宅的老虎，值得進場賞屋、布局新生活，只為增添幸福，而化解劫財星的厄勢力。女士們的正緣星氣勢頗強，良人可得。

1974年的老虎（民國63年，甲寅年，49歲）

「不害怕練過一萬種踢法的人，只怕一種踢法練一萬次的人」這句話指的是堅持，絕對不會是重複。對於老虎而言，這一年最大的忌

諱是一樣的戲碼重複上演的窘況。因為太歲星提供強大能量，卻也提供自我矛盾的糾結，大好大壞的現象就這樣發生。

化解的策略將會是先計畫再行動，按圖索驥，穩紮穩打，再好的機會也絕不貿然衝刺，尤其是投資求財的部份，因為劫財星在暗中虎視眈眈。

1962年的老虎（民國51年，壬寅年，61歲）

真正犯太歲的生肖，當然非安太歲不可！由於健康星的影響較大，因此養生的功課務必到位執行。企圖心與行動力依舊強勁，再加上朋友星明顯，今年的事業也因為機會轉變而更加理想，不過合夥對象和夥伴的挑選十分重要。財運佳，股市投資求財以短線靈活為宜。男士們宜謹慎面對情緣事務。女士們的另一半健康需要獲得關注。

1950年的老虎（民國39年，庚寅年，73歲）

是誰說年紀長的人就一定要清心寡慾？研究證明年紀愈長，愈需要活躍的生活步調，只不過是換個方式呈現罷了。今年就是這樣的流年，人生七十才開始，真的！就從安排學習課程開始。琴棋書畫的圓夢很好，更好的是現代三C器材運用的學習，保持年輕的祕訣盡在其中。財運雖然理想，不過對於親友的支借，還是需要量力而為。

屬虎流月運勢

宜謹慎面對的月份：三月、四月、六月、十一月、十二月

正月 運勢（國曆2/4～3/5）

新春之月，也是喜氣洋洋的三陽開泰月。本月雖有「歲德吉星」和「太歲星」照拂，不過對於老虎而言，卻隱藏著一股不協調的能量，重要事務的啟動與抉擇最好避開本月。廣結善緣式的祝賀新春，對於一整年的好運勢具有莫大的幫助。

二月 運勢（3/5～4/5）

貴人磁場十分明顯的本月，廣結善緣的旺運策略值得繼續進行，只因為「人緣桃花星」也受到春風的鼓動。事業上的合作機會出現，就該給予更多的瞭解與掌握。轉投資的機會來了，值得換個思維面對現在的理財策略。

三月 運勢（4/5～5/5）

按理說，對於老虎而言，這不會是個吉利的月份，只因為貴人不臨，並且出現「喪門星」作祟。不過幸運的是，由於太歲文昌星照拂，老虎們宜走出既有的領域，以學習的思維營造活躍的人際關係，所有的磁場都將因而轉變。

四月 運勢（5/5～6/6）

這是個充滿矛盾能量的月份。表面上的亮麗與喜悅，並不代表骨子裡頭的不協調，因此在展現陽光的同時，老虎們需要的是按部就班的步步為營。企業經營只問系統，不問人的是非。新事業的出發稍安勿躁，重要抉擇也謹慎三思。

五月 運勢（6/6～7/7）

三合吉星照拂的本月，陽光普照，諸事皆宜。事業運勢容易出現突破性的發展，關鍵是擦亮自己的千里馬，閃亮伯樂的雙眼。勇敢承接任務，機會來了先掌握再說，有意轉換跑道的老虎，值得展開行動。財運十分理想，商務買賣與業務行銷都值得更努力。

六月 運勢（7/7～8/7）

雖然出現了「歲德合」、「月德」和「天喜」三大吉星照拂的現象，理當諸事皆宜。不過由於本月雲層頗低，再加上月犯「小耗星」與「死符」，這個月的主力不在於如何開運，而是如何防微杜漸。重要事務需要的是規劃、訂妥方向與策略。

七月 運勢（8/7～9/7）

歲破之月，再加上也是老虎們的本命六沖月，諸事不宜。驛馬星與七殺星交會進入衝剋區的本月，除了留意交通安全事宜外，凡事以靜制動為宜。寧可曲中求，也不宜直中取，就是這個意境。七月不詭

異，詭異的是遇水則發，本月多採用藍色轉運。

八月 運勢（9/7～10/8）

本月吉祥如意，月圓、事圓、人團圓。龍德吉星照拂，再加上官祿星加持，事業運勢想不旺都難。七月十五日晚上9點15分，請記得一定要祭拜龍德星君，在家中前陽台對外雙手合十祝禱即可。本月大利嫁娶，女士們卻宜謹慎面對新情緣。

九月 運勢（10/8～11/7）

才華洋溢的月份，掌握機會就該給自己表演與展現的舞台。這是「華蓋星」主事的太歲三合月，生活中的點子值得記錄下來，精彩的火花往往就在不經意中綻放。不過值得提醒的是，由於白虎星作祟，捐血一袋救人一命，也化解自己的血光之災。

十月 運勢（11/7～12/7）

這是個吉祥如意的月份，只因為天德、歲合星、歲祿星、福德星和六合吉星併臨，這個月的磁場將上個月所造的精彩繼續綻放。本月諸事皆宜，最適合積極執行的就是事業的轉型與異動。家庭磁場頗優，入宅、搬家和修造皆宜，更適宜購買屋宅。

十一月 運勢（12/7～1/5）

自以為是與理所當然的思維，容易成為本月好運的殺手。大環境

提供老虎們錯覺，其實這不會是個適宜安逸的時段，家庭運理想是需要改變居家布局，而這也是凝聚團隊內聚力的好時機。自信心十足是好事，但過了頭的自傲只會誤事。

十二月 運勢（1/5～2/4）

歲末年終，最為適宜的事務就是靜下心檢視這一年的成果。由於「三煞星」與「病符星」籠罩，因此這是個宜謹慎再謹慎的月份。任何重要的事務，可以檢視，萬萬不可任意出擊。沉澱是為了籌備財氣充滿的兔年，年前的祝賀與感恩宜積極進行。

廣結善緣用對策略，往「大好」的方向發展

根據專家研究，懂得「聚人」收入會比一般人多33％。把人聚在自己身邊，你就是最大的贏家。但兔子們知道這是怎麼回事嗎？「聚人」和好運氣有何關係？

📅 流年運勢

　　疫情讓整個世界陷入翻天覆地，如果認為世界上最難搞的是疫情的話，那就需要仔細再思考一下！因為，世界上最難搞的應該還是「人」。此種體驗相信曾經出現在生活節奏中，也許因而有所感悟，因此也不會特別讓人感到驚訝。不過對於兔子們的2022年運勢而言，恐怕就需要預先做足功課，因為想要讓壬寅虎年好運連連的關鍵元素是「人」，而讓兔子們嘗盡苦頭的也將會是「人」。

　　有道是「伴君如伴虎」，當太歲星與朋友的元素劃上等號的時

亮點色系	幸運點色系	幸運數字	吉利方位
綠色、藍色	咖啡色、紅色、白色	8、2、9、0及其組合	西南方、南方、東北方

幸運點色系：流年運勢最需要補充與強化的元素與色系。
亮點色系：根據宇宙大自然或太歲星所提供較豐富的能量，充分運用會成為開運亮點元素與色系。

候，兔子們就要謹慎面對這一整年的事務運作！雖然兔子們在2022壬寅虎年並不「犯太歲」，也沒有「沖太歲」，不過還是誠懇建議最好老老實實「安太歲」。用尊敬的心，虔誠的思維，讓「太歲星」不只是流年朋友，並且是貴人朋友。

「廣結善緣」是這一年最需要的開運策略，除了積累貴人籌碼外，還有機會讓自己的人際關係磁場指數獲得提升，因為2022年是兔子們的「貴人桃花年」。值得提醒的是，廣結善緣的定義就在於「廣」，那是一種營造大眾緣的策略，然而事實上「質」比「量」重要多了。換個角度來說，在廣結善緣的過程中，務必要將熱情、積極、正向、願意幫助人的人，聚在自己的身邊，如果兔子們這麼做了，那麼就已經開始為明年（2023癸卯兔年）擔任太歲之職，在「大好大壞」中往「大好」的方向發展做好萬全的準備。

雖然從文章的一開始到現在都在討論如何廣結善緣，不過對於兔子們而言，還是存在著極為強大的自我意識，同溫層的習慣和安逸還是牽絆著兔子們，這是開拓美麗新世界的無形殺手，唯有走出習慣和熟悉的領域，接觸新的人脈，學習新的技能，拓展新的視野，那麼太歲星將會提供更強大的能量，讓兔子們掌握後疫情時代的全新轉變。

事業運勢

成功不是盡力，而是借力！的確。對於兔子們而言，壬寅虎年是個典型的借力使力年，合作的磁場十分活絡，不過找對人比找到人更加重要。新事業有機會出發，而既有的事業也有機會經過調整後再出發。換言之，這一年的另一個成功要訣在於敢動，只要設妥計畫，目標與節奏逐步落實，兔子們將會是事業有成的生肖。

由於太歲文昌星照拂，今年將會是長智慧的一年。除了為自己安排學習課程外，最重要應該是平日的學習心情與思維，三人行必有我師，最好的老師在生活，也在周遭人群中。不過需要提醒的是健康方面的問題，由於健康星磁場不佳，而事業星磁場相對旺盛，因此千萬不要因為拼事業而累過了頭。

 ## 財利運勢

懂得運用資源的人，就是擁有富人基因的人。「人」是最好的資源，在「人」的能量強大的壬寅虎年，聰明的兔子們知道如何善用太歲資源為自己營造更大的財富。這就是所謂的，真正的老闆是在組織團隊，讓團隊為自己做事，為自己賺錢。說穿了，這就是最為理想，也最為有效的化解「劫財星」的方法。

就太歲氣數法則的角度觀察，對於兔子們而言，壬寅虎年是個「劫財星」氣盛的流年，因此謹慎理財是必要的建議。不過有意思的是，做好「化劫財為生財」的策略，這樣的流年反而容易因為與人合作而發財致富。

整體而言，兔子們的財富以春夏為佳，秋冬宜謹慎。電子高科技、通訊、遊戲、生活、民生……概念標的值得關注。

 ## 情緣運勢

桃花舞春風，太歲桃花星照拂的今年，兔子們的人際關係磁場格外活躍，這是個有機會透過廣結善緣積累貴人籌碼的流年。不過對於情緣這檔事而言，今年的功課恐怕只會多，不會少。一般來說，想要

瞭解情緣運勢的吉凶與順逆，都會以正緣星與偏緣星的能量作為觀察的依據。

對於女士而言，如何珍惜緣份遠比如何遇見緣份重要多了。感覺對了，人也對了，就該珍惜，否則競爭對手可是虎視眈眈。已有伴侶的女士們，另一半的事業運頗佳，宜給予最大的支持。男士們的偏緣星十分明顯，事緩則圓，情感事務也是如此。幸運的是，由於家庭星頗優，除了適宜成家外，有意購買屋宅構築幸福窩的兔子們值得進場賞屋。

開運風水

我是誰很重要，更重要的是和誰在一起！既然對於兔子們而言，2022年的開運關鍵元素是「人」，那麼這一年的風水布局也需要著重在營造貴人的部份。2022壬寅虎年的太歲星位於東北方，而太歲文昌星在落在這個位置上，因此屋宅與辦公室的東北方成為兔子們風水旺運的重要位置。

擺放黑色豬的造型擺飾具有合太歲的目的，黑曜石貔貅與紫晶洞都會是理想的開運礦石，而擺放聚寶盆則更有機會達到旺財富的目的。對於兔子們的貴人而言，建議擺放紅色花卉盆栽如長壽菊，也可以插香水百合花，不但旺文昌，也達到提升人緣指數的效果。

兔子們的本命方位在正東方，五行屬木，水和木是生助五行，藍色與綠色是生助色系。

流年運勢亮點顏色與方位：東方、東南方、北方、西北方。綠色、藍色。
流年運勢幸運點顏色與方位：西南方、南方、東北方。咖啡色、紅色、白色。
流年貴人生肖：豬、老虎、兔子、馬。

屬兔各年次流年運勢

1999年的兔子（民國88年，己卯年，24歲）

　　機會來了，先掌握再說，因為在流年氣數中充滿著一股船到橋頭自然直的能量。年輕是本錢，許多事情執行，即便沒有得到，也同樣會學到。事業上選擇與運作，有必要選具有規模與系統運作的公司，再不然也用心努力考取證照。由於情緣運磁場並不明顯，還是聚焦事業為宜。健康星氣勢稍稍不足，即便再年輕也需要適度的營養補充。

1987年的兔子（民國76年，丁卯年，36歲）

　　歲德合吉星照拂的今年，再加上太歲星的友誼加持，兔子們進入今年幸運生肖的行列。這其中最為顯著的將會是事業運勢，太歲官貴星相合，又有權勢星的助陣，這個時候不為事業打拼，更待何時！情緣方面同樣是吉利的，女士們的正緣星既明顯又俊秀，再加上桃花星的護持，這是個幸福的一年。男士們雖然也是如此，不過旺運的主軸策略在於架構好溫暖的窩。

1975年的兔子（民國64年，乙卯年，48歲）

　　身段要軟，方法要硬，放得下，才拿得起。對於兔子而言，這將會是個真槍實彈演出的一年，因此格外提醒務必學會抽離的功力。只

因為自我意識在這一年中的氣勢十分明顯，恣意妄為的結果恐怕容易偏離預期中的軌道。不過幸運的是，貴人能量十分強大，找對人，做對事，水到渠成。謹慎理財是值得提醒的部份。家庭運勢佳，購屋置產的好年冬。

1963年的兔子（民國52年，癸卯年，60歲）

命帶文昌的兔子，本來就是聰慧有加，再加上壬寅年的太歲才華星能量加持，這一年即便不是長袖善舞，也會是佳作不斷。不過有個提醒一定要說，那就是合作事務宜謹慎再三，事業或項目不會的問題，唯有說清楚講明白才能夠免於誤會一場而蒙受損失。企業兔子容易遇到翻轉的契機，事業延伸的機會先掌握再說。健康星磁場不佳，養生的功課不可少。

1951年的兔子（民國40年，辛卯年，72歲）

平淡是一種福氣，卻也是一種不容易。太歲星提供旺盛能量的今年，有一種想要完成理想的衝動，而這就是兔子們今年的流年亮點，不需要控制與節制，反而需要給予方向性的引導，不論是生活，還是整體運勢都有機會創造精彩。只不過，飲食方面的規劃依舊必要，未必需要清淡，營養均衡最重要。適度的運動，活化筋骨，也疏通好運道。

屬兔流月運勢

宜謹慎面對的月份：二月、三月、八月、九月、十二月

正月 運勢（國曆2/4～3/5）

　　太歲月，也是新春之月。禮多人不怪是這個時候的有趣現象，也是兔子們廣結善緣的大好時機，只因為朋友磁場特別旺盛。不過兔子們在積極積累人脈的同時，也需要謹慎理財，別過了年再懊悔。事業的出發值得計畫，好的開始就是成功的一半。

二月 運勢（3/5～4/5）

　　本命之月，大好大壞。本月不利嫁娶。事業合作也必須謹慎，尤其要提防遭到誤導。謹慎理財的提醒本月繼續適用，對於親友的借貸宜量力而為。幸運的是，由於「將星」照拂事業職場辛苦有成。太歲桃花星值月，不論男女情緣事務平常心面對即可。

三月 運勢（4/5～5/5）

　　本月諸事不宜，只因為「六害星」作祟，以及「太歲喪門星」攪局。對於事務的執行而言，按部就班與步步為營是理想的趨吉避凶。本月不利嫁娶，探病弔唁之事更應避之。雖然如此，太歲文昌星照拂，兔子們的人際關係磁場頗佳，廣結善緣之舉宜繼續進行。

四月 運勢（5/5～6/6）

立夏了，兔子們運也開了。機會星伴隨太歲文昌星，再加上驛馬星共舞，這是個亮麗而活躍的月份。掌握這份磁場積極行動，兔子們有機會讓理想獲得實現。專業變現需要放下身段，那一刻財運啟動了。情緣以女士為佳，幸福也需要主動；男士們則別放錯了電。

五月 運勢（6/6～7/7）

芒種過後，日頭高掛，這是一年中陽氣最盛的月份。6月3日端午節開運策略務必執行，讓太歲三合的氣勢可以繼續旺下去。本命文昌星和太歲將星交織，事業職場瓶頸可望突破，出發與轉型都是好時機。男士們的情緣運勢頗佳，事業要顧，幸福更要牢牢固守。

六月 運勢（7/7～8/7）

本命三合月，才華星洋溢，按理說這是個活力充滿的月份，不過兔子們卻有一種動極思靜的感覺。這是個需要沉澱的月份，讓點子和才華在內部發酵，搭配執行計畫，兔子們容易擁有不一樣的下半年。財利運勢與情緣運勢同步理想，用愛發電，用愛投資。

七月 運勢（8/7～9/7）

立秋在七月十日，鬼門已經開了十天。這是個需要尊敬與慎重的月份，除了好兄弟的敬畏外，最重要的是正逢「歲破」。此種驛馬星「歲破」的現象，需要的趨吉避凶就是以靜制動，而交通安全務必用

心，疲勞絕對不要駕駛。女士們情緣運頗佳，藍色是幸運色。

八月 運勢 （9/7～10/8）

蒹葭蒼蒼，白露為霜。所謂伊人，在水一方。又美又有意境的白露，對於兔子們而言，卻是因為本命六沖而獲得謹慎的提醒。本月不利嫁娶。家庭運勢頗佳，中秋團圓事務宜多費心籌備。貴人明顯，中秋節的祝賀愈多愈好，十五夜晚拜龍德可化煞為權。

九月 運勢 （10/8～11/7）

六合吉星照拂，再加上太歲三合星加持，這是個吉利的月份。不過本月還是不宜嫁娶。財氣佳，事業氣息也理想，進可攻退可守，目標明確游刃有餘。然而需要提醒的是，本命三煞星與太歲白虎星虎視眈眈，重大抉擇與事務稍安勿躁為宜。

十月 運勢 （11/7～12/7）

立冬，雖有終止的意涵，亦即萬物收藏。不過對於兔子而言，卻是個吉利而活力滿滿的月份。只因為本命三合星照拂，以及歲合星與歲祿星助威，這個時候不做一番大事業更待何時。想要異動，就展開行動。大利成家立業，購屋置產行動有成。

十一月 運勢 （12/7～1/5）

漫蹤江野，蝶舞飛揚一片白。大雪的景緻，十分美麗。紅鸞吉

星、桃花星、歲德星和天德吉星併臨，這個月的天空對於兔子而言，更是好運到了極點。本月諸事皆宜，尤其大力成家立業。只不過由於「偏沖」的不協調在隱隱作祟，謙虛與低調有其必要。

十二月 運勢（1/5～2/4）

歲末年終，到了結帳的時候。檢視這一年事務執行的如何，計畫落實了嗎？因為這是個諸事不宜的太歲三煞月，並且仔細檢視調整策略之後，兔子們要準備迎接即將來臨的太歲年。健康星磁場並不理想，宜留意天候變化，風寒無情呀！

「官貴祿星」照拂，事業更上一層樓

龍爭虎鬥，不為拼搏，而是功名利祿。貴人磁場滿檔的2022壬寅虎年，老天爺已經為龍族們布好局，遇虎而騰達，就看龍族們如何運作了……

📅 流年運勢

雲從龍，風從虎，聖人作而萬物睹。生肖龍遇到流年虎，對於龍而言，就成為《易經》所說的風起雲湧年。在太歲星氣數的結構中存在著一種「貴人拱照」的現象，代表在這一年只要做足準備，並大開大放執行，欣欣向榮將成為有目共睹。而此種「貴人拱照」現象好有一比，那就是「萬事俱備，只欠東風」。

萬事俱備，只欠東風。《三國演義》第四十九回中記載「孔明索紙筆，屏退左右，密書十六字曰：『欲破曹公，宜用火攻；萬事俱

亮點色系	幸運點色系	幸運數字	吉利方位
芥末綠、碧玉綠 紅色、紫色	白色、 金黃色、咖啡色	6、7、2、0 及其組合	正西方、 西北方、東北方

幸運點色系：流年運勢最需要補充與強化的元素與色系。
亮點色系：根據宇宙大自然或太歲星所提供較豐富的能量，充分運用會成為開運亮點元素與色系。

備，只欠東風。』」據說，孔明三上三下祭壇就是為了借東風。對於龍族們的2022壬寅虎年而言，這股「東風」指的就是「人」，找對了，就是貴人，出現的時間對，則是大貴人。不過，就「雲和風」的角度來說，這些貴人並沒有特定的對象，而是如影隨形展現助力的「暗貴人」。有趣的是，此種「暗貴人」是可以自己營造的，那就是先成為別人的貴人，付出而不求回報，你就是別人的「暗貴人」，同時也是自己的「暗貴人」。

整體而言，2022壬寅虎年對於龍族們而言，是幸運的。這一年，不但擁有「官貴祿星」照拂，同時還見到「福德星」的身影，再加上「驛馬星」併臨，這將會是個「進可攻，退可守」，精彩絕倫的一年。事業上有機會更上一層樓，企業團隊系統組織上也有機會如願轉型成功，而家庭運勢更是理想，對於有意購買屋宅的龍族們而言，今年不進場，明年等著後悔。而這些都會是龍族們的壬寅年亮點事務，然而由於太歲氣數中的行動力元素並不明顯，因此在趨吉避凶的策略上恐怕還需要從規劃開始，白話說那就是學習，更白話一點那就是先畫了靶，才有機會把箭射出去。這麼說來，「萬事俱備，只欠東風」中的東風，又多了「學習」這檔事，如果再與「貴人拱照」結合，那麼就是把身邊的每個人都當成老師。

🤝 事業運勢

危機是轉機，有時候聽起來有點刺耳，不過對於龍族們的2022年事業運勢而言，卻是有跡可循。在「官貴祿星」的照拂和「驛馬星」的引動下，龍族們的事業有機會進行成功的轉型，而新事業的出發也可望獲得啟動的契機。企業龍族們宜從系統的轉變開始，而一般龍族

們也容易因為自我提升，而提升市場競爭能力。換言之，這是個大利轉換型態或環境的一年。

不過還是需要提醒的是，由於行動元素的不明顯，如何設定目標與行動計畫將會是讓事業獲得新型態局面的重要關鍵策略。值得恭喜的是，由於職場貴人磁場頗佳，雖然不明顯，不過只要抱持謙虛學習的思維，天助自助的故事容易發生在龍族們身上。

 ## 財利運勢

偏財明顯的2022年，按理說財利運勢應該是理想的。對於龍族們而言，壬寅虎年的確是個財利運勢理想的年，不過重點卻是這一年所賺的錢並不容易留下來。雖然還不至於到「過路財神」的悲慘地步，但如果在理財策略上，或是投資求財的標的上，得到不正確的規劃，錢財真的不容易留下來喔！

雖然儲蓄的確不會是抵抗通膨的方法，不過不儲蓄還真的抵抗不了錢財流失的命運。於是乎儲蓄概念股成為理想的投資標的，對於有意購買屋宅的龍族們而言，保值又抗通膨，並且把錢保留下來的佳策良方。

整體而言，財利運勢以秋冬為佳，春天播種，夏季保守，秋天低接或加碼，冬天收成。

 ## 情緣運勢

正緣星出現了，該掌握的就不該猶豫！這句話是說給女士們聽的，因為正緣星既正又優秀。在現在的社會環境，許多人抱定不婚的

主義，不過卻也有許多人最後還是棄守。與其堅持到籌碼逐漸降低才突然改變主義，不如在正緣星優秀的今年給自己一個幸福的交待。已有伴侶的女士們，另一半容易成為自己事業成長的貴人。

男士們適宜將生活焦點擺放在事業上，除了可創造更大的成就外，最重要的是，偏緣星的擺脫並不容易。天底下沒有白吃的午餐，因此偏緣少碰為妙。已有伴侶的男士們，對於另一半的健康，有必要妥善管理，安排讓人安心的仔細健檢為宜。

其餘龍族們，則宜以構築愛巢為主要目標，就算是一個人也需要能量滿滿的甜蜜巢穴。

開運風水

風起雲湧，很棒的流年，只可惜行動元素並不明顯。於是學習是激盪行動元素的策略，而風水上也需要刺激欲望的布局。那就是在經常可以看到的地方貼上想達成的目標，圖案或具體的數字將會強過於文字。

龍族們的文昌位在正西方，在住家和辦公室的正西方擺放蝴蝶蘭盆栽或插3株黃金百合，除了可提高文昌星能量旺行動元素外，同時又具有化小人為貴人的神效。值得提醒的是，花朵謝了要隨時修剪，以免招來爛桃花或成為爛好人。

龍的本命五行屬土，本命方位在東南方，火土是生助元素，紅色和黃色是本命吉利色系。

流年運勢亮點顏色與方位：東南方、正東方、正南方。芥末綠、碧玉綠、
紅色、紫色。
流年運勢幸運點顏色與方位：正西方、西北方、東北方。
白色、金黃色、咖啡色。
流年貴人生肖：雞、猴子、老鼠、蛇。

屬龍各年次流年運勢

2000年的龍族（民國89年，庚辰年，23歲）

人生的許多事情不是拼搏來的，而是安排來的。如果不信，請仔細想想，過去生命中哪一件事情不是安排來的！好的事情如此，壞的事情更是如此。換個角度來說，許多事情是你自己要讓它發生的。對於龍族而言，2022就是這樣的流年，因此這一年需要的不是努力，而是規劃。有句話說得好，那就是「成功不是盡力，而是借力」。愛情，男生隨緣就好，女生牢牢掌握才好。

1988年的龍族（民國77年，戊辰年，35歲）

現代的人一把刷子，早就過時了。斜槓人生已然成為生活上的必須，也是一種榮耀。然而即便如此，龍族們還是需要先把本業給經營好，否則再多的斜槓，恐怕也只不過是扶不正的「斜」槓。理財方面也是如此，主要收入要顧好，其餘的才是錦上添花。情緣方面，女士們要幸運多了，不論是白馬還是黑馬，都是一匹「正緣」好馬。男士們要謹慎規避爛桃花的糾纏。

1976年的龍族（民國65年，丙辰年，47歲）

改變不是為了取悅世界，而是為了成就更好的自己。這是個想定

下來，卻需要很大力氣的一年。只因為驛馬星與福氣星連結在一起，唯有不斷改變學習，學習再改變，才能更把福氣星的能量墊高。成家立業雖然已然成為過去式，不過在事業有機會再出發，而家庭幸福今年有機會再啟動，龍族們的腳步不應該停歇。女士們的情緣運勢頗佳，該珍惜的緣份請別輕易鬆手。

1964年的龍族（民國53年，甲辰年，59歲）

如魚得水，優游自在。這是許多人追求的夢想，卻是龍族們在壬寅虎年的運勢寫照。只不過此種好運是用心經營的結果，並不會自動從天上掉下來。自信心高是元素之一，貴人暗中幫助是元素之二，廣結善緣與積極學習則是元素之三，以上種種都起源於龍族們走出原有的框架，廣結善緣是為了讓生活更多采多姿。只不過，由於健康星磁場並不理想，養生的功課有必要多做一些。

1952年的龍族（民國41年，壬辰年，71歲）

終生學習，是一種習慣。而活到老，學到老，則是一種規律。在這「文昌星」氣勢明顯的流年中，讓生活更精彩，生命更豐富的策略就是學習。人生有許多過去沒有完成的夢想，雖然不見得要像韓劇《如蝶翩翩》中的70歲胖大叔學跳芭蕾那樣，找回作夢的勇氣，不過也別辜負「文昌星」的美意。溫馨提醒的是，由於健康星氣勢不佳，因此這一年的飲食需要多費心思。

屬龍流月運勢

宜謹慎面對的月份：二月、三月、六月、九月、十二月

正月 運勢（國曆2/4～3/5）

驛馬星主事的本月，再加上官貴吉星與福氣星一起照拂，這是個十分吉利的月份，本月諸事皆宜。其中最為理想的事情就是出遊，也許後疫情時代還是有許多不方便，不過對於行動這股磁場千萬別浪費了。祝賀新年，規劃事業軌跡，旺個一整年。

二月 運勢（3/5～4/5）

六害星干擾的本月，諸事不宜，尤其不利嫁娶。雖然如此，由於「太歲桃花星」照拂，本月依舊大利廣結善緣，積累貴人籌碼的任務不宜停歇。整體年度規劃這檔事有必要持續，因為容易發現更多需要修正的矛盾點。愛情和財運皆理想。

三月 運勢（4/5～5/5）

本命月，由於隱藏一種能量重疊的負能，因此重要吉事還是避之為宜。人生大事中的嫁娶事務，最好避開本月。整體而言，本月的矛盾磁場雖然強大，不過只要按部就班，龍族們的才華還是有逐步發展的機會。聆聽與讚美是本月開運的佳策良方。

四月 運勢（5/5～6/6）

陽光普照的月份，這是一種雲開霧散的氛圍，龍族們開運了！本月大利嫁娶，以及事業重要抉擇與出發。只不過值得留意的是，由於大環境容易出現一種無力感的磁場，龍族們只要做好自我建設事務，這是個機會重新分配月。成家立業，就在此刻。

五月 運勢（6/6～7/7）

陽光繼續普照，好運能量持續上揚，本月諸事皆宜。太歲三合星與將星主事，大環境的氛圍是理想的，成家立業的能量容易獲得更大的擴張。不過對於投資求財而言，恐怕就需要謹慎，只因為這是個最容易追高殺低的時段。女士們的情緣多觀察為宜。

六月 運勢（7/7～8/7）

本命三煞月，自然是諸事不宜。按理說本月不利嫁娶，不過擇日學並不這麼認為，那就要看自己的福份。健康星磁場十分紊亂，正常作息十分重要。金錢星的能量受到擠壓，投資求財與商務買賣需要的策略，忌諱的是輕舉妄動。

七月 運勢（8/7～9/7）

傳統七月，自然謹慎非常。今年的七月需要格外謹慎，只因為遇到「歲破月」，這是一種動盪的磁場，本月不宜出遠門，而重要事務也避之為宜。一動不如一靜，對於交通安全也需要多一份心思防護，

最大的忌諱就是疲勞駕駛。

八月 運勢（9/7～10/8）

吉祥而圓滿的月份，本命六合星和人緣桃花星照拂，月圓人團圓。不過有趣的是，這麼吉祥而圓滿的月份，擇日學居然認為不利嫁娶。本月大利廣結善緣積累貴人籌碼，就從祝賀中秋佳節開始。八月十五日記得祭拜龍德吉星，讓好運勢旺到明年。

九月 運勢（10/8～11/7）

本命六沖之月，按理說應該是諸事不宜，不過由於土星的對沖，反而容易出現轉機的能量。對於處於瓶頸的事務，這是個值得加把勁的時機點。本月不利嫁娶。對於人際關係的互動需要多一份耐心，否則極容易陷入「五貴星」的負能範疇，而壞了貴人能量。

十月 運勢（11/7～12/7）

財源吉星和財祿吉星結合的本月，財利運勢十分理想，商務與業務都值得加把勁，因為辛苦有成。紅鸞、地解、龍德和紫微四大吉星照拂的本月，除了大利嫁娶，更適宜進行事業的轉變與轉型。太歲三合吉星照拂，大環境也吉利，順勢而為是好策略。

十一月 運勢（12/7～1/5）

三合吉星和將星照拂的本月，同樣吉利而順遂。本月小利嫁娶。

不過由於月犯「白虎」，血光之災需要提防，一紅化九災，捐血是轉運好策略。不過由於大環境的能量是矛盾的，因此事業上的轉變還是稍安勿躁為宜。男士們宜謹慎面對情愛事務。

十二月 運勢（1/5～2/4）

太歲三煞月，諸事不宜。雖然是龍族們的刑剋月，不過由於福星、天德與福德吉星併臨，對於龍族而言依舊值得順勢而為。年終歲末，許多人會以趕業績的方式步上紅毯，時機成熟的確不宜再猶豫。太歲病符星作祟，養生事宜不宜忽略。

設定明確的目標，迎接三陽開泰

都說了，人生沒有如果，只有結果和後果。然而，當太歲星提供可以重新出發磁場的時候，那就不一樣！你想按下太歲星提供的Restart按鈕嗎？又要如何重新開始呢？請繼續看下去……

📅 流年運勢

「如果你因錯過太陽而流淚，那麼你也將錯過群星。」是的，泰戈爾是這麼說的。這句話的重點在於，不要為那些已經成定局的往事懊惱，而是專注在未來你能改變的事情上。

對於蛇族而言，2022壬寅虎年就是個萬物蛻變的三陽開泰年，由內到外，徹頭徹尾的轉變與出發。動筆至此不免聯想到《易經》中的第四卦【山水蒙卦】，故事背景說的是山下有泉水，泉湧的現象清新、脫俗，只可惜當事人並不知道，因此卦象中的「蒙」又具有啟蒙

亮點色系	幸運點色系	幸運數字	吉利方位
綠色、紅色、紫色	白色、金黃色、大地色	6、7、2、0及其組合	正西方、西北方、西南方

幸運點色系：流年運勢最需要補充與強化的元素與色系。
亮點色系：根據宇宙大自然或太歲星所提供較豐富的能量，充分運用會成為開運亮點元素與色系。

的意涵。經過了兩年疫情肆虐的世界，目前進入後疫情時代，再加上壬寅虎年的太歲氣數為蛇族提供蛻變的能量，這一年需要掌握三件事情，整體蛻變就有機會功德圓滿。

第一件事，重新盤整資源，而最為理想的策略就是為自己組織合作團隊，企業蛇族讓整體企業系統化，醞釀「抱團」的機會讓企業重啟新生命。其餘請閱讀「事業運勢篇」。

第二件事，廣結善緣，架構借力使力的人脈能量場，積極參加正向團體，即便是公益志工也無妨，讓人脈成為改變生命態樣的氣脈。

第三件事，學習、學習、學習，很重要所以提了三次。不光是專業和第二、三專長的學習，即便是修身養性的學習，也是十分理想的自我成長與蛻變的學習。品味不同，生命的層次也將大不相同。

整體而言，這是個陽光燦爛的流年，雖然有「六害星」和「歲絕星」作祟，只要目標明確，執行力穩健，福德、天德和福興的吉利能量自然就有發揮的空間，迎接三陽開泰的好流年，營造閃亮的能量為明年（2023癸卯兔年）的「異路功名年」，做好「種瓜不只得瓜，還可以得肉」的準備。不過值得提醒的是，由於偏沖太歲，蛇族們還是需要安太歲喔！

事業運勢

合作是為更長遠的未來，抱團是為了資源可以獲得凝聚，這是個典型的借力使力年。只不過蛇族需要的是明確的策略和完整的系統，畢竟抱團不是為了取暖。後疫情時代，世界變了，而機會也出現了，單打獨鬥的時代過去，而壬寅虎年的太歲也為企業蛇族提供有效整合的能量。

對於一般蛇族而言，這一年最需要執行的就是自我定位。我是誰？我在哪裡？要往哪裡去？這些問題不是在心靈成長的虛問，而是回歸現實面的整理。經過疫情的洗禮，蛇族覺得自己真的有足夠的本領迎接後疫情時代的機會嗎？不論答案是什麼，趕緊安排學習的課程吧！別浪費太歲星提供的蛻變能量。

 財利運勢

如果不能找到幫你賺錢的事業，你將一直工作到死！據說這句話是股神巴菲特說的。他認為對抗通貨膨脹的最佳利器就是自己的賺錢能力，其次是擁有一門好生意，一種在睡覺還能賺錢的本事。

對於蛇族而言，巴菲特的名言值得仔細體會，因為壬寅虎年對於蛇族而言，如何賺錢和如何學會賺錢的本領是最需要執行的功課。朝九晚五上班族，需要的不只是斜槓，而是把錢擺對位置，就從學習投資理財開始。企業蛇族則宜將財富擺放在未來，創造需求，才會被市場所需求。

整體而言，蛇族的財運以秋天為旺，春天計畫並且行動，夏天加碼，秋天獲利，冬天再布局。金融、資產、醫療……概念標的值得關注。存錢最好的策略就是購置不動產。

情緣運勢

成家立業是一種幸福，這其中的重點在於「成家」，然後才是「立業」。就現代的角度來說，為自己構築一個幸福的家，就是成家。不過在傳統的角度上，成家代表的是兩個人的事，指的自然是組

織家庭。對於蛇族而言，壬寅虎年的主要氣息在於家庭，因此箭在弦上的蛇族該成家的時候就別再猶豫，對於已有家庭的蛇族而言，這是個家庭運勢超夯的一年，購屋置產的好時機。至於處於獨處狀態的蛇族，則有必要認真思考「定下來」的必要，以及把自己的窩整理得更溫暖幸福。

整體而言，這一年的幸運語言是「有家就有幸福」，而對於「愛」最好的付出就是提供一個幸福的家。

開運風水

陽光普照，資源豐富的壬寅虎年，蛇族可以盡情利用身邊周遭豐沛的元素，讓三陽開泰成為真正的生命故事。而這些元素就是木星、火星和土星，也是這一年的命運亮點五行，在風水布局上則宜掌握東方、東南方、南方、東北方和西南方。在策略上，則是規劃、組織、廣結善緣和學習。在太歲氣數中，蛇族需要強化的是財運方便的能量，其元素為金星，方位為正西方和西北方，而學習是重要的旺運策略。具體風水布局請詳閱「風水造吉篇」。

對於蛇族而言，這一年居家與辦公室的正西方，宜懸掛山水畫或擺放虎眼石球、黑曜石龍龜；而西北方則宜擺放白色裝飾、鈦晶、百水晶……，具有提升財富和貴人的效果。蛇族的本命方位在東南方，五行屬火，木和火是生助五行，綠色和紅紫色則是生助色系。

流年運勢亮點顏色與方位：東方、東南方、南方、東北方和西南方。
綠色、紅色、紫色。
流年運勢幸運點顏色與方位：正西方、西北方。白色、金黃色、大地色。
流年貴人生肖：雞、猴子、馬、兔子、牛。

屬蛇各年次流年運勢

2001年的蛇（民國90年，辛巳年，22歲）

辛苦有成是一種鼓勵，也是一種期望與成就。對於蛇族而言，壬寅虎年就是這樣的流年，代表值得加把勁努力，因為辛苦有成。這種成就容易出現在事業上，也容易在財富上呈現。換言之，這是個財運順遂的一年。唯一需要提醒的是健康的維護，年輕是本錢但千萬不要揮霍。情緣方面，女士們正緣星出現，值得好好掌握。男士們，則宜提防偏緣星的作祟。

1989年的蛇（民國78年，己巳年，34歲）

當機會來了，當仁不讓。當需要主動積極承擔任務的時候，當仁不讓。就太歲氣數角度觀察，這是事業有成的一年，因為有太歲官貴星的護持，而且有很大的機會名利雙收，亦即所謂的富貴併臨。只不過由於太歲氣數中行動力有待強化，因此才會不斷提醒蛇族要當仁不讓，而啟發行動力最好的策略將會是學習。情緣運勢，女士們可望姻緣成就。

1977年的蛇（民國66年，丁巳年，46歲）

歲德合吉星照拂，又有福壽星助威，雖然屬於偏沖的生肖，蛇族

的幸運指數依舊居高不下。偏沖太歲的化解之道在於安太歲，而掌握歲德吉星正向威力的策略則是勇敢追夢。

這是個值得努力的一年，萬事俱備，只欠東風，而這股東風就是努力的目標和行動力。家庭運勢頗為理想，修繕與購屋置產都是好時機。男士們宜關心另一半的健康，女士們情緣運勢頗佳，珍惜是幸福的開始。

1965年的蛇（民國54年，乙巳年，58歲）

歲德吉星照拂，再加上貴人能量也十分明顯，事業運勢可望再登高峰，疫情期間的不順利有機會獲得化解，而轉變是最好的策略。合作的能量出現，代表有機會透過學習與借助貴人力量，轉變事業層級，同時也有機會開拓新的財富與商機。因此，有想法就該給予做法，重點是自信心務必獲得提升。男女蛇族皆宜將生活聚焦在自我成長上，情緣部份愈淡愈好。

1953年的蛇（民國42年，癸巳年，70歲）

橫看成嶺側成峰，遠近高低各不同。不識廬山真面目，只緣身在此山中。用蘇東坡的這首詩來凸顯蛇族們今年的功課重點，就在於自我察覺。釐清自己真正的需求之後的行動，遠比隨興所致要更加到位。這是個機會星活絡的流年，蛇族可以創造生活的多元與豐富，也可以營造七十才開始的事業機會。總的來說，這是個生命層次可望獲得提升的流年，學習是個理想的引火線。

屬蛇流月運勢

宜謹慎面對的月份：三月、四月、五月、十月、十二月

正月 運勢（國曆2/4～3/5）

真正的太歲月，也是太歲能量重疊的月份，能量的爆發是可期待的。三大吉星照拂，雖然吉利能量也爆表，不過由於「六害星」的作祟，千萬別給新年氣息給沖昏頭。此時大利計畫大未來，同時也大利廣結善緣，就從恭賀新年開始。

二月 運勢（3/5～4/5）

新春氣息依舊濃厚，而貴人能量也十分明顯，廣結善緣的功課宜繼續執行。由於出現異路功名的氣息，代表的是對於事務的執行不宜預設立場，在出師不利的背後往往會是另一個生機的衍生。認真做該做的事，西做東成是另一種火花。

三月 運勢（4/5～5/5）

雖然太歲文昌星高掛，代表環境氛圍是理想的，不過由於本命三煞星作祟，蛇族還要提防錯誤的執著而壞了大計。健康星並不理想，宜留意個人衛生保健，維持正常作息莫勞累。家庭運勢頗佳，屋宅修造與購屋等大事，值得順勢執行好運可期。

四月 運勢（5/5～6/6）

本命之月，不協調的磁場充斥，重要吉事避之為宜。本月不利嫁娶。血光之星作祟，建議挽起袖子捐出鮮血，一紅化九災。劫財星也在暗中虎視眈眈，大筆金額的支出宜多給自己一些時間思考。人云亦云是一種忌諱，投資求財是如此，事業經營也是如此。

五月 運勢（6/6～7/7）

太歲將星職事，再加上桃花星明顯，職場人脈磁場活絡，抱持學習的心，可望積累人脈。本月依舊不利嫁娶。謹慎理財則是必須的提醒，只因為劫財星氣勢驚人。月犯「流霞」，出人謹慎可免血光。生活焦點與其擺放在情緣，不如專注在事業上。

六月 運勢（7/7～8/7）

歲德合吉星照拂，卻也是蛇族的貴人星祝福之月。合作的磁場出現就該珍惜，三會拱照的吉利格局，讓蛇族嚐到貴人扶持的滋味。只不過由於劫財星氣勢依舊明顯，投資求財見好便收。喪門星主事，探病、弔唁之舉避之為宜，攜帶粗鹽可化。

七月 運勢（8/7～9/7）

七月雖然是傳統的鬼月，卻是蛇族的三合月，按理說應該是吉利非凡。不過由於正巧是歲破月，因此還是謹慎為宜，尤其是交通安全方面。本月吉利的轉運色系為藍色和綠色，搭配運用五行相生有序，

整體運勢可望提升。職場異動稍安勿躁。

八月 運勢 （9/7～10/8）

吉利的月份，龍德吉星照拂，財祿吉星併旺，心想事成的氣息旺盛，大膽向幸運之神許願。機會星氣勢明顯，事業的轉型與出發皆可執行。男士們的情緣運勢頗佳，月圓人團圓，理想的對象就該緊緊掌握。人際磁場亦佳，佳節的祝福愈多愈好。

九月 運勢 （10/8～11/7）

太歲三合月，卻也是白虎星猖狂之月，蛇族宜提防血光之災。一喜化九憂，喝喜酒沾喜氣；一善化九災，捐助弱勢運勢獲得提升。本月宜謹慎理財，由於暗劫財作祟，要避開的是歡喜劫財，消費購物多想三分鐘。下個月運勢不佳，重要事務本月先進行為宜。

十月 運勢 （11/7～12/7）

六沖之月，諸事不宜。五鬼星氣息遭受激盪，事緩則圓，人緩則安，將會是本月趨吉避凶座右銘。驛馬星主事，凡事一動不如一靜，職場異動更是大忌諱。深綠為本月開運色系，西北方擺放綠色盆栽可化煞為權。女士們的情緣煩事不處理是最好的處理。

十一月 運勢 （12/7～1/5）

歲德吉星照拂，再加上本命紫微星護持，這是個吉利的月份。不

過本月依舊不利嫁娶。對於女士們而言，本月的生活焦點不應該擺放在情緣上。事業磁場頗為活絡，官貴星氣勢亦佳，蛇族的認真容易獲得預期中的肯定。家庭運佳，家人是最好的貴人。

十二月 運勢（1/5～2/4）

年終歲末，雖然是蛇族三合月，不過由於歲煞星作祟，本月諸事不宜。由於才華星入墓，容易出現懷才不遇的感覺，不過新年將至，這個時候最為理想的將會是整理一年的計畫。就像屋宅大掃除一般，整理與清理後才容易獲得再出發的大動力。

太歲三合星照拂，大利成家立業

你想在職場上快速出頭，快速成功嗎？努力耕耘和認真打拼當然十分重要，不過當「太歲將星」加持的時候，馬族們知道只要方法對了，其實可以隨心所欲馳騁職場嗎？

📅 流年運勢

本來就應該馳騁在廣大無際草原的馬兒，過去一年辛苦了！不過緊接而來的壬寅虎年，馬族們出頭天！

這是個擁有許多幸運吉星照拂的流年，不過比起這些吉星，馬兒們更值得炫耀的應該就是可以盡情揮灑的空間。這一年馬兒們的理想與才華有機會展現，因為馬兒們會找到屬於自己的舞台。換言之，如果馬兒們有理想就該讓理想實現，而有夢想就該讓夢想成真，因此這一年萬事俱備，只欠東風，而這股東風就是馬兒們的行動力，事實上

亮點色系	幸運點色系	幸運數字	吉利方位
秋香綠、蕃茄紅 紫羅蘭紫	金黃色、 水藍色、卡其色	2、0、6、1 及其組合	西北方、 西南方和正北方

幸運點色系：流年運勢最需要補充與強化的元素與色系。
亮點色系：根據宇宙大自然或太歲星所提供較豐富的能量，充分運用會成為開運亮點元素與色系。

這是個引動行動力最強的一年，只因為「機會星」的能量是滿滿而明顯的。

　　想飛才會高飛，想要才能得到。太歲三合星照拂，而家庭磁場又格外理想，再加上「將星」也在呵護馬兒們的事業運勢，於是「成家立業」成為今年的重頭戲。成家方面，對於有意購買屋宅的馬族們而言，這是個值得進場的好流年，換屋買屋其實很簡單，利率低，而房價又處於蠢蠢欲動的狀態，時機到了心動就該付諸行動。另外，把住家和辦公室重新布局，則是馬族們的另一個旺運策略，而好運起飛也在這個時候。至於「立業」的部份，請馬族們閱讀「事業運勢」的章節。

　　這一年唯一要化解的是「官符星」與「白虎星」的厄勢力。「官符星」與口舌有關，由於和「將星」同處一室，因此與工作有關的事務宜謹慎進行，該給予遊戲規則的部份就應該明白註記。生活上的讚美不可少，再好的建議也需要從肯定開始。至於「白虎星」與意外和血光有關，因此挽起袖子捐出鮮血，捐血一袋救人一命，而讓一紅化九災的能量獲得提升。這個時候健康的維護成為重要的功課，疫情舒緩，但病毒並沒有離開，而且繼續轉變，因此正常作息提升免疫力才是維持健康的基本之道。

 ## 事業運勢

　　不會打的，怕會打的；會打的，怕不要命的！很有意思的一句話，將馬族們的2022年事業運勢充分闡述，那就是想要擁有一番成就，最好的策略是毫無顧忌向前衝。不選擇改變，將會被選擇改變。去年的無奈沒有必要在今年重現，而唯有主動改變，才有機會突破。

毫無顧忌指的是企圖心，而循序漸進與按部就班則是為了避免偏離軌道。換言之，這是個具有轉變機會的流年，但不適合風馬牛不相關的跳躍式改變。企業馬族們，適宜將既有的籌碼放大、放遠。而一般馬族們則適合以計劃性的方式運作，積極不著急，即便是轉換跑道也是如此。另外值得一提的是，由於考試運頗佳，突破性的應徵與證照的考取都值得嘗試。

 ## 財利運勢

賜子千金，不如教子一藝；同樣的說法「授人以魚，不如授人以漁」。對於馬族們的2022年財利運勢而言，綜合前面的說法，那就是「與其研究財運好不好，不如著重在如何提升能力，如何掌握住或開創賺錢的機會」。

財源吉星照拂的今年，馬族們有機會開拓細水長流的財源，此種財源包括學習的元素，以及合作的能量，因此借力使力成為不可或缺的旺財策略。不過仔細探究不難發覺，由於財利星氣勢不佳，因此如何將錢留下來則是重要的配套。這個時候「三三三法則」值得參考，那就是三分之一投資，三分之一開銷，三分之一存下來。於是，儲蓄型概念標的值得關注，資產概念、傳統產業、生活必需、建材……都是理想標的。有意購買屋宅的馬族們，也值得進場賞屋覓屋。

情緣運勢

心在哪裡，世界就在哪裡。千古不變的真理，對於馬族們2022年情緣運勢而言，恐怕具有提醒的意涵。原因是，在太歲星的整體氣數

中，生活和工作占掉大部分，愛情的能量既微弱又不明顯，因此將會是個容易因為忙事業，而冷落情緣。不過，在經過疫情洗禮之後的社會，絕大部分的人都將精神聚焦在工作上。此番辛苦與用心，肯定也會得到另一半的認同。

值得一提的是，由於太歲氣數中最為明顯的元素是「成家」。因此想要擁有幸福情緣與婚姻的第一件事，那就是把幸福的窩給布局好。有意購買屋宅的馬族們，不要再猶豫，幸福的家容易出現在今年。而此種幸福也值得選擇獨處的馬兒們掌握。

開運風水

太歲將星、歲德合祿星、太歲三合星、太歲機會星……諸多吉星照拂的今天，馬族們自然是好運連連，不過如何正確，並且到位引動這些吉星恐怕是馬族們讓好運勢真正上身的必須風水策略。

仔細觀察引動這些能量的位置是東北方、正南方與西北方，東北方擺放黑色豬造型飾物可旺財富，正南方則擺放神龍龜造型飾物則可旺事業（隨身攜帶最佳），西北方需要的黃色擺件，如虎眼石、黃水晶、馬造型雕飾或圖騰，則可旺貴人和機會星。

馬族們本命方位在正南方，本命五行屬火，木火是生助元素，綠色與紅色是本命吉利色系。

流年運勢亮點顏色與方位：東北方、正東方和正南方。綠色、紅色、紫色。
流年運勢幸運點顏色與方位：西北方、西南方和正北方。
黃色、金黃色、水藍色。
流年貴人生肖：馬、老虎、豬、羊。

屬馬各年次流年運勢

2002年的馬（民國91年，壬午年，21歲）

學習的氣息與機會十分活絡，想要生命更精彩，就該掌握住學習的機會。財利運勢也十分理想，投資求財有利可圖，活潑是策略，生活與交通概念是好標的。愛情運因為人緣佳而活絡，女生會優於男生。事業運勢也順遂，不過公司的選擇以具完整系統的為佳，自我創業則以逐步踏實為宜。值得提醒的是健康運，由於健康元素氣勢不佳，因此養生功課宜多用心。

1990年的馬（民國79年，庚午年，33歲）

常聽說「天助自助」，但馬族們的2022年會是個「人助自助年」。只因為這一年的貴人星十分明顯，老天爺喜歡幫助努力的人，而人們也願意和有理想，並且認真實現的人當朋友。

整體而言，這是個幸運的流年，太歲氣數中存在著辛苦有成的元素，心想事成的能量也不虞匱乏，不過運作的模式與節奏需要設計。那就是設妥目標與計畫，再按圖索驥落實。

財運佳，家庭運理想，事業運順遂，唯一需要用心的是人際關係的經營，再加上學習的策略，則這將會是個圓滿的流年。

1978年的馬（民國67年，戊午年，45歲）

「三陽開泰」是一種新希望啟動的代名詞，對馬族們而言是整體

運勢的啟動象徵，雖然這是正向的訊息，不過如果馬族們啥事都沒做，也只會是一場絢爛的煙花。首先會感到振動的會是事業工作事務，不論是重新啟動，還是轉型再出發，這都是理想的好流年。其次是家庭與團隊，代表的是成家與立業，大利購買不動產或重新布局新家，實體空間或相處氛圍都是如此，而團隊的運作也十分有利。唯一需要用力的是行動力，想是問題，做是答案。

1966年的馬（民國55年，丙午年，57歲）

恭喜馬族們，好運勢啟動！太歲星的照拂，這將會是個能量滿滿的一年。一種再攀高峰的感覺十分強烈，而馬族們也有十足的信心可以更好。只不過需要提醒的是，如何設妥明確的目標將會是讓好運勢開花結果的關鍵。事業運勢可望重獲新生機，家庭運勢十分理想，大利乘勝布局。人際關係磁場也十分活絡，廣結善緣的策略不宜停歇。財運方面需要謹慎面對，只因為劫財星暗中虎視眈眈。

1954年的馬（民國43年，甲午年，69歲）

太歲三合年，再加上「祿神」照拂，這是12年一次的好流年，值得好好享用與運作。就太歲氣數而言，這是個氣場活絡的流年，馬族們有很多的理想等待實現，因此最容易出現的現象將會是讓自己陷入無止盡的忙碌漩渦中。享受好流年的做法是安排學習的機會，不只是「活到老，學到老」，而是讓夢想逐一實現。這其中最需要提醒的是健康的事務，因為忙著實現夢想而忽略養生不是好事。把健康養好，迎接「才開始之年」的來臨。

屬馬流月運勢

宜謹慎面對的月份：四月、五月、九月、十一月、十二月

正月 運勢（國曆2/4～3/5）

新春之月，也是典型的太歲月。本月需要到位的開運策略，否則就浪費太歲星的美意。風水布局一定要老實做，廣結善緣的大好時機，多拜年積累貴人籌碼，禮多人不怪。規劃一整年的目標與行動方針，好的開始就是成功的全部。

二月 運勢（3/5～4/5）

新春氣息依舊濃郁，桃花星也展現風采，廣結善緣的策略宜繼續執行。對於馬族們而言，這是一年中最為吉利的月份，只因為天喜、天德、福星與福德吉星併臨，不過由於「異路功名」的磁場頗盛，容易出現歪打正著的結果，因此機會來了就該把握。

三月 運勢（4/5～5/5）

太歲文昌星主事的本月，諸事皆宜。貴人星磁場明顯，廣結善緣又成為本月的開運策略。雖然出現寡宿星的身影，不過依舊適宜嫁娶。只不過在事務的執行上，如果可以營造借力使力的著力點，則貴人能量可望獲得發揮，而成就容易如期而至。

四月 運勢（5/5～6/6）

　　歲害之月，諸事不宜。對於馬族們而言，這是個容易出現大好大壞景況的月份，因此需要學習的功課是放下。事務的執行，最大的忌諱是人云亦云。本月不利嫁娶。而由於劫財星虎視眈眈，因此宜謹慎理財。家庭運頗佳，但宜留意另一半的健康。

五月 運勢（6/6～7/7）

　　雖然是將星主事的月份，對於事業幫助而言屬於正向。不過也由於正巧是本命月，因此馬族們要避免的是矛盾的情節，就從妥善管理情緒開始。本月不利嫁娶。謹慎理財則是必要的提醒，只因為劫財星虎視眈眈。合作機會明顯，值得深入瞭解。

六月 運勢（7/7～8/7）

　　六合之月，諸事皆宜。歲德合吉星照拂，本月大利嫁娶。本命祿神氣勢明顯，人緣磁場也隨之水漲船高，宜廣結善緣積累貴人籌碼。事業運順遂，依照計畫順勢執行。家庭運亦佳，遷徙、入宅與購屋之舉大吉。唯月犯喪門，探病弔唁避之為宜。

七月 運勢（8/7～9/7）

　　敬畏的七月，不但敬畏，更需要謹慎以對，只因為正逢「歲破」。尤其是馬族們的本命驛馬歲破月，一動不如一靜，交通安全需要多費心思，請牢牢記住疲勞千萬不要駕駛。事業的出發與轉變，更

應避開本月。另外需要謹慎面對的還有情緣事務。

八月 運勢 （9/7～10/8）

　　龍德吉星照拂的本月，本命文昌星氣勢頗佳，心想事成的能量值得掌握。新事業的出發或轉換跑道，都有機會如願以償。男士們的情緣運勢頗佳，正緣星磁場正向，積極掌握別讓幸福溜走。財利運勢亦佳，商務買賣與業務行銷都值得努力。

九月 運勢 （10/8～11/7）

　　三合之月，按理說應該是吉利非常。然而由於月犯「五鬼星」，即便才華有機會發揮，謹言慎行還是有其必要，就從慢半拍開始。即便如此，該掌握住的機會還是要牢牢掌握，勇敢承接是好策略。情緣運勢不理想，聚焦事業是理想的舒緩策略。

十月 運勢 （11/7～12/7）

　　歲合之月，再加上歲祿、福德與月德吉星併臨，本月諸事皆宜，就是不利嫁娶。女士們的正緣星磁場頗佳，遇到對的人就不該過錯，已有伴侶的女士，另一半是妳的事業貴人。事業貴人能量明顯，有想法就給予作法，勇敢是成功的重要元素。

十一月 運勢 （12/7～1/5）

　　六沖之月，諸事不宜。雖然出現歲德吉星，不過也只是保平安，

職場上的重要事務與抉擇避之為宜。本月不利嫁娶。健康星磁場也不理想，留意天候變化，外出的自我保護措施不宜忽略。學會放下家事、感情事與情緒事，海闊天空。

十二月 運勢（1/5～2/4）

諸煞聚集的本月，諸事不宜。就太歲角度，本月不利嫁娶。雖然龍德吉星和紫微星照拂，本月行事不只是謹言慎行而已。歲末年終，把心情收起來，整理一下這一年的事務，靜待春暖花開。把年的氣氛搞濃一點，先過個好年，再來迎接幸福桃花年。

展開全方位學習，找到最佳舞台

開運了！恭喜羊族們。告別牛年的歲破，迎接虎年的「三星匯聚」，那就是貴人星、福氣星、事業星一次到位，這是12年一次的幸運年，該如何掌握呢？

📅 流年運勢

三陽開泰，對於羊族們的2022年整體運勢應該會是貼切的形容。在這陽光普照的流年裡，首先上場的就是「貴人星」。

整體而言，羊族們在2022壬寅虎年的本命氣勢不足，「貴人星」補強此種氣勢，於是廣結善緣成為這一年的重要課題。這將會是個合作磁場豐沛的流年，也只有用合作的方式，才有機會開啟太歲星所賜予的「三陽開泰」能量。

其次是「福氣星」的照拂，這個星曜涵蓋的運勢範圍極廣，小從

亮點色系	幸運點色系	幸運數字	吉利方位
紅色、紫色、黃色	白色、乳白色、金黃色	4、6、3、7及其組合	正西方、西北方

幸運點色系：流年運勢最需要補充與強化的元素與色系。
亮點色系：根據宇宙大自然或太歲星所提供較豐富的能量，充分運用會成為開運亮點元素與色系。

自我心態的充實，心想事成也是其中獲得充實的一部分，以及健康磁場的提升，還有家庭運勢的圓滿與幸福，大到職場權勢的擴張，也就是事業的激活、轉型、成長和升職。

接著是「事業星」的蓬勃能量，至於事業運勢上的仔細分析，請見「事業運勢篇」。

然而世界上沒有百分百的圓滿，在整個流年氣數結構中，還是有個區塊需要補強。對於羊族們而言，這一年需要補強的是舞台的元素，否則即便有滿滿的能量，恐怕也很難找到將理想與才華淋漓盡致發揮的舞台。不過幸運的是，補強的策略與方法十分簡單，一個是學習，只要羊族們展開學習的行動，不論是實質上的專業學習，修身養性式的學習，或是開卷有益的學習，還是網絡媒體的學習，甚至於聊天過程中聆聽式的學習，都會激活開創思緒，展現才華，找到實現理想的最佳舞台。

換個角度來說，這一年開啟好運勢，讓「三陽開泰」能量盡情揮灑的好策略，就是營造多采多姿的生活節奏，心開運就開，念轉整體太歲氣勢就會隨著轉動。由此可知，開啟「文昌星」氣場的學習，成為轉運關鍵要素。

事業運勢

在「福氣星」和「事業星」交織下，羊族們的事業運勢是亨通的。由於「官祿星」能量的投射，這一年即便羊族們不想把生活焦點投注在事業上都不行。如果再加上「貴人星」的運作與幫助，則事業不但有機會蓬勃發展，同時也有機會達到職場權勢擴張的效果，此效果包括事業的激活、轉型、成長和升遷。

只不過，達到前述的美好境界還是需要條件的。對於企業羊族們而言，需要有積極轉變經營型態的勇氣，向外尋求人才驅動事業多元成功發展。對於一般羊族們而言，想要成功轉變事業運勢，就要啟動學習機制，讓自己多一把刷子，同時也成為朋友們爭相合作的對象，另外就是廣結善緣積累貴人星的籌碼。

 ## 財利運勢

　　如果說事業是「名」和「利」的結合，那麼羊族們2022年的事業運勢可以創造極大的名氣與肯定。不過可惜的是，由於流年氣息中「財源星」處於氣弱狀態，如果這顆「財源星」能量沒有獲得提升，則極容易出現辛苦與收穫不成正比的現象。

　　事實上，這顆「財源星」與「文昌星」處於同一個位置上，這也就是為什麼在風水布局中要啟動「文昌星」的原因，而學習就是啟動「文昌星」磁場的重要策略。

　　整體而言，羊族們的財運是值得肯定的，而觸發旺財的五行元素是「金」，因此秋天是財運最旺的季節，冬天則是收成期，春天布局，夏天行動，合乎春生、夏長、秋收、冬藏的季節理論。投資標的宜以通訊概念、零售餐飲業、自行車、車用電子……，以及與交通運輸有關的標的。

情緣運勢

　　正緣星氣勢超盛的今年，對於女羊人而言，這是個幸福的流年。已有伴侶的女士們，妳將會是另一半的大貴人，只要多付出一些耐心

與關心，另一半的事業成就是妳的成就。單身適婚的妳，到了該做出選擇的時候，事業星旺盛，而姻緣星氣勢也理想，兩者兼顧恐怕需要更多的智慧。不過好姻緣也不是說來就來，是該仔細思考的時候。

男士們恐怕就要謹慎面對情愛事務！只因為「偏緣星」作祟，這是個宜將生活重心聚焦在事業上的流年，對於已有伴侶的男士們，她是你的最大的事業貴人，一定要多愛一些。單身適婚男士們的愛情腳步需要放慢，積極不著急的思維，對於外來幸福的提升具有極大的意義。

開運風水

「三陽開泰」是虎年的運勢特質，對於羊族們而言，代表的是事業、家庭、健康與貴人，而這三大吉利元素啟動的關鍵點在於「文昌星」，對於羊族們而言，這顆「文昌星」在正西方，因此在屋宅與辦公室的正西方務必做好開運風水布局。擺放黃色的抱枕、桌巾、窗簾、黃水晶、虎眼石、鈦晶礦石……，都具有啟動氣場循環的開運效果。

羊族們本命五行屬土，火與土是生助的元素，方位在正南方、西南方，顏色以紅色與黃色為佳。壬寅年的太歲氣數中除了這些元素外，為事業奔波的羊人特別需要加強白色與金黃色。因此隨身配戴鎏金神龍龜，則開運的效果會更加理想。

流年運勢亮點顏色與方位：正南、西南方。紅色、紫色、黃色。
流年運勢幸運點顏色與方位：正西方、西北方。白色、乳白色、金黃色。
流年貴人生肖：馬、猴子、豬、兔子。

屬羊各年次流年運勢

2003年的羊（民國92年，癸未年，20歲）

學習是為了讓生命更精彩！尤其是在「學習」與「開創」兩顆吉星照拂的流年，年輕的羊族們有足夠的能量，讓自己晉身斜槓的行列中。任何天馬行空的想法都具有創造的價值，因此建議嘗試接受書本外的知識訊息，國際上許多大企業都是從宿舍與車棚起家的。不過即便如此，對於合作的事務還是需要很多的謹慎。愛情運勢女優於男。

1991年的羊（民國80年，辛未年，32歲）

整理再出發！這句話已然成為整體社會上的共同語言，相信羊族們也不例外。只不過，需要向羊族們提醒的是，這是個需要謹慎面對新事物的流年，新的事業、新的轉變、新的思維，都是需要謹慎的部份。此種現象不代表不適宜創新，而是需要設妥目標和節奏逐步落實。幸運的是，由於財利運勢頗佳，商務買賣與業務行銷值得加把勁努力。

1979年的羊（民國68年，己未年，44歲）

官祿星主事的流年，要名得名，要成就有成就，這是個最值得為事業打拼的一年，不過成功的關鍵在於做好組織，因為單打獨鬥永遠不如團隊合作。一般羊族們，則建議考取證照，讓政府團隊來為自己背書。家庭運勢十分理想，成家立業的好流年，把幸福的窩布局好，幸運指數才有機會提升，對於有意購買屋宅的羊族們而言，這是個理想的購屋年。女士們的姻緣十分幸福，值得用心掌握。

1967年的羊（民國56年，丁未年，56歲）

　　歲德合吉星照拂的流年，整體運勢自然是亨通。再加上太歲星釋放幸福的能量，讓家庭和團隊運勢同步穩健，健康磁場也十分正向，這是個有機會凝聚正能量重新出發的流年。貴人星和福祿星同步，代表廣結善緣的策略容易為自己帶來強大的好運能量，也代表事業的發展可望藉著合作的機會獲得擴展。然而謹慎理財是必要的提醒，守紀律是投資求財的必須。

1955年的羊（民國44年，乙未年，68歲）

　　衣不如新，人不如舊。朋友還是老的好，經過一段分歧生命旅程之後的相遇，再度回到共同節奏上的感覺是美好。這是個貴人星明顯的流年，所謂的貴人不一定是事業上的兩肋插刀，一起談天，一起相互關心，都是最棒的貴人。不過值得提醒的是，朋友談天、談心就好，金錢上的往來恐怕就需要謹慎。只因為財利運勢雖佳，劫財星氣勢也強，合作對象需要謹慎挑選。

1943年的羊（民國32年，癸未年，80歲）

　　健康是最大的財富。健康星氣勢不佳的今年，羊族們需要多做一些養生的功課，作息的調適也十分重要。說到養生，清淡雖然有益養生，不過對於營養的攝取卻未必有幫助，喜歡吃就好，忌口的事交給叮嚀的人。朋友星出現凋零的現象，珍惜和朋友聚會的機會，看一次就多賺一次。學習星依舊活絡，活到老學到老，不應該只是口號。

屬羊流月運勢

宜謹慎面對的月份：正月、六月、九月、十一月、十二月

正月 運勢（國曆2/4～3/5）

新春之月，也是太歲之月。歡喜過新年的同時，也是最為理想的開運時刻。官祿星值月，大利設定一整年的事業目標，同時也適宜向事業貴人祝福新年快樂。家庭運頗佳，家人的團聚，正月也是宜賞屋購屋。女士們的情緣運勢佳，對的人就該牢牢掌握。

二月 運勢（3/5～4/5）

三合將星之月，事業運勢依舊理想，計畫的啟動應該不遺餘力。太歲桃花星活躍，廣結善緣積累貴人的功課，也是如此。正緣星明顯的本月，男士們的情緣運勢是理想的，追求之舉更應不遺餘力。不過白虎星值月宜提防血光，捐血是化解之道。

三月 運勢（4/5～5/5）

不協調磁場出現的本月，需要多一些耐心與趨吉避凶策略，對於既定事務而言，依舊可依照計畫行事。事實上，這是天德吉星與福德吉星併臨的福星高照之月，事業瓶頸有機會獲得突破。女士們的正緣星能量明顯，好姻緣值得化被動為主動。

四月 運勢 （5/5～6/6）

驛馬星主事的本月，忙碌才是正常的現象，只不過此種忙碌的事務與節奏，最好在規劃的範疇內，以免徒勞無功。家庭運勢頗為理想，移徙、入宅、修造與購屋置產等重要事務值得順勢執行。值得提醒的是，雖然是驛馬之月，工作的異動卻是忌諱。

五月 運勢 （6/6～7/7）

六合之月，諸事皆宜。本月大利嫁娶。貴人能量伴隨太歲將星出現而活躍，合作事務的洽談值得順勢進行。不過對於金錢的管理而言，卻需要謹慎以對，親友的支借更應量力而為。病符星與官符星交織的本月，健康事務宜多用心，尤其要避免過勞。

六月 運勢 （7/7～8/7）

本命之月，也是伏吟的月份，再加上太歲小耗星主事，本月除了要避免情緒的影響外，還要提防歡喜劫財的現象發生。慢半拍的生活是理想的趨吉避凶，消費購物多給自己三分鐘。本月不利嫁娶。探病弔唁之舉避之為宜，勢在必行請隨身攜帶粗鹽。

七月 運勢 （8/7～9/7）

本月不利嫁娶，倒不是因為傳統七月，而是「夫星犯煞」與「歲破」。事實上，這是個諸事不宜的月份，就是因為要避免「歲破」的災煞效應。本月不利出遠門，同時也需要留意交通安全事務，喝酒不

開車，疲勞更不應該駕駛。

八月 運勢 （9/7～10/8）

中秋之月，月圓人團圓，再加上龍德吉星照拂，這是一年一度的轉運補財庫的月份。八月十五日晚上請記得祭拜龍德星君，運勢可以旺到明年。中秋佳節最為理想的旺運策略就是祝賀佳節，祝賀對象包括了小人，這也是化解「五鬼星」的佳策良方。

九月 運勢 （10/8～11/7）

不協調的磁場，再加上又是本命三煞月，重要吉事還是避之為宜。這其中尤其忌諱事業的轉變與出發。雖然太歲三合星化解重大厄象，不過由於自我意識十分強盛，在不對的地方堅持只會錯失良機。心理不舒服，到戶外走走享受秋高氣爽。

十月 運勢 （11/7～12/7）

三合之月，諸事皆宜。歲合星與歲祿星同時照拂，這是個十分吉利的月份。由於「財源吉星」和「財祿吉星」也展開旺盛的能量，商務買賣與業務行銷值得努力，因為有利可圖。男士們宜謹慎面對情緣事務，女士們正緣星磁場佳，要嘛幫夫，要嘛旺事業。

十一月 運勢 （12/7～1/5）

太歲災煞星主事，本來就諸事不宜，再加上本命「六害星」作

祟，按理說這應該是個諸事不宜的月份。不過根據擇日學記載，本月大利嫁娶，應該是「桃花星」與「歲德吉星」高掛的緣故。財利運勢佳，但健康運卻不理想，別累過頭。

十二月 運勢（1/5～2/4）

本命六沖之月，諸事不宜，再加上又遇到太歲煞星，本月不利嫁娶，同時也忌諱訂婚等幸福事務。歲末年終除了檢視一年的成敗之外，同時也宜積極布局明年，做好迎接好運三合年的準備。劫財星暗中虎視眈眈，謹慎理財，年節花費需要妥善規劃。

安太歲趨吉避凶，
凡事謀定而後動

歲破！就是沖太歲，聽起來很可怕。事實上，只要做好趨吉避凶的策略，對於猴子們而言，這一年的「沖太歲」，卻是一種富貴逼人的寫照。

📅 流年運勢

沖太歲，指的就是和太歲星對沖。在傳統的認知上，沖太歲是件不得了的事情，這樣的流年不會只是諸事不宜那麼簡單。不論是傳統宗教或信仰，還是命理學術中的記載，和太歲對沖的流年是可怕的，是厄運降臨之年，因此重要事務都要避開這一年，這其中最需規避的就是婚姻嫁娶事務。

不過說實話，沖太歲真的這麼可怕嗎？沖太歲真的就會厄運纏身嗎？難道只有安太歲，而沒有其他化解的方式嗎？答案是，當然有的。

亮點色系	幸運點色系	幸運數字	吉利方位
綠色	黃色、白色、乳白色、金黃色	6、2、7、0及其組合	西南方、正西方、西北方

幸運點色系：流年運勢最需要補充與強化的元素與色系。
亮點色系：根據宇宙大自然或太歲星所提供較豐富的能量，充分運用會成為開運亮點元素與色系。

這麼多的問題，想要找到解答，就要從什麼是沖太歲，什麼情況下叫做沖太歲的瞭解著手。

太歲星就是掌管一整年氣息的星曜，以「天星」的角度來說，太歲星就是木星。木星繞行太陽一圈的時間是12年，因此每一年都會在一個生肖的辰次位置上待上一整年，例如去年是牛年，太歲星的位置就在「丑牛」的辰次上，對宮的「未羊」辰次就是沖太歲，也是歲破星。而2022年的太歲星在「寅虎」辰次上，於是對宮的「申猴」辰次就沖太歲，也是歲破星。如此每一年替換一次。

太歲星被視為是掌管一整年運勢的神祇，與太歲星對沖，就等於衝撞皇帝一般，輕則諸事不順，重則血光疾病災厄纏身。於是安太歲成為必須的趨吉避凶，就好像拜碼頭，買平安一樣，一般來說是十分管用。

然而沖太歲未必就像傳統所描述的那麼凶厄，尤其是屬金的猴子，衝剋屬木的寅虎太歲，代表著財氣逼人，只因為金剋木為財，猴子們要做的是如何壯大自己的能量承接太歲星所提供的旺盛財富，以免成為「財多身弱，富屋貧人」的演譯者。安太歲是其中之一，而且是要在土地公廟安太歲，只因為需要土地的元素護身，由此可知猴子們今年最需要的旺運元素是土星。在行為上，就是謀定而後動。

🤝 事業運勢

這個世界唯一不變的，就是變。經常聽到的這句話，對於2022壬寅虎年的猴子而言，具有深遠的意義。因為任何的變，其結果如何都在於自己是否充分掌握變的契機與節奏，也就說當所有的變，都在計畫中的時候，生命中的變化就成為蛻變。

太歲氣息中就隱藏著此種蛻變的訊息，新的事業思維，新的組織與規劃，只要再加上文昌星的學習與行動，新事業生命儼然成型。換個角度來說，這是一種骨架不改變的變化，對於企業猴人來說，是延伸性與多元性的演變。對於一般猴人而言，則是既有專業型態下的翻轉，目標是進入斜槓的境界，這是一種集十八般武藝於一身的寫照，接下來再回歸到本業的猴子，已然是齊天大聖。

 ## 財利運勢

無須擔心「歲破」，因為沖太歲只要誠心安太歲就好。要擔心的是，太歲財祿星氣勢明顯的流年，由太歲星所帶來的旺盛財富，猴子們是否有足夠的氣勢承接。用命理學術的角度來說，對於猴子們而言，如果沒有配套措施，2022將會是個典型的「財多身弱」年。

正所謂「成功不是盡力，而是借力」，對於猴子們而言，2022將會是個借力使力營造財富的流年。借團隊的力，借組織系統的力，借策略與工具的力，做對槓桿，財富如期而至。投資求財的部份需要選對標的，傳產、原物料、資產、金融、民生……概念股，容易成為積累財富的標的。不動產雖然也是理想標的，不過比較適合自住型的買家。

 ## 情緣運勢

家庭星磁場頗佳的流年，再加上事業星氣勢也正，成家立業成為流年幸運代名詞。對於情緣已經成熟的猴人來說，就別再猶豫。不過值得提醒的是，由於「歲破」的緣故，不宜嫁娶的建議還是寧可信其

有為宜，不過好的姻緣還是可以執行訂婚儀式。

　　好的姻緣來自於「正緣星」，女性猴人的2022就是正緣星明顯的流年，單身適婚者該給自己機會，請不要成為自己的幸福殺手。由於事業星氣勢佳，女性猴人很容易因為事業而耽誤好姻緣。由於「偏緣星」的緣故，男士們就要謹慎面對2022的情緣事務。已有伴侶，就該專情。單身適婚也不需要著急，先把事業顧好再說，不遲。

開運風水

　　既然「土星」是猴子們於2022年的旺運護身元素，那麼黃色與大地色將會是最吉利的色系，黃水晶、虎眼石、黃金……成為最為理想的旺運珮飾材質。因此猴子們無論如何都要配戴金屬、黃金或鍍金材質的「神龍龜」，並且需要太歲星的加持。

　　另外，居家風水的到位布局更是重要。在住家和辦公室的西南方買放金黃色的擺件，黃水晶、虎眼石球最為理想，鎏金製作的神龍龜或銅元素的豬造型雕飾，不但因為合太歲而化解沖太歲的危機，同時也引動猴子們的文昌星與財源星的氣息。

　　猴子本命屬金，土金是幸運五行元素，顏色是黃色和白色，方位則是西南方、東北方、正西方和西北方。

流年運勢亮點顏色與方位：正東方、東南方。綠色。
流年運勢幸運點顏色與方位：西南方、正西方、西北方。黃色、白色、
　　　　　　　　　　　　　　　乳白色、金黃色。
流年貴人生肖：猴子、龍、豬、老鼠、蛇。

屬猴各年次流年運勢

1992年的猴（民國81年，壬申年，31歲）

健康星沖太歲的今年，重要功課自然會是在養生保健上。首先，千萬別讓自己累過頭，後疫情時代自我免疫力需要繼續維持，而最好的策略就是充分的休息。人際關係磁場也需要多費心思，就從學會聆聽與讚美開始。凡事積極不著急。不論男女，都需要謹慎面對情緣事務。幸運的是，偏財源吉星發動對於財利運勢理想的流年，就線論線是理想策略。

1980年的猴（民國69年，庚申年，43歲）

文昌星啟動的流年，這是一種心想事成的寫照，同時也是才華可望展現的徵兆，不過前提是必須把目標設定清楚而鮮明。換言之，這一年不缺機會，缺的是按部就班的紀律，正所謂「按圖施工，保證成功」，就依照計畫行事吧！值得一提的是，這一年可以努力，但忌諱孤注一擲。情緣運勢，女士們良緣可期，而男士們就要謹慎規避爛桃花。

1968年的猴（民國57年，戊申年，55歲）

世界愈快，心則慢。對於猴族們而言，體驗慢活並不容易，不過卻有必要牢牢記住「欲速則不達」的故事。只因為這是驛馬星主事的流年，不只是思緒變快，事業的演變也變得快起來，不過當現實與理

想相左的時候，不妨回歸現實面，稍安勿躁為宜。情緣運勢女優於男，單身適婚女猴人宜多留意機會，以免和白馬王子擦身而過。男士們的貴人是異性，不過要謹慎拿捏彼此關係。

1956年的猴（民國45年，丙申年，67歲）

家庭運勢頗優的今年，有意購買或換屋的猴子們，這是個大好的流年。要不然也有必要把屋宅重新布局，只因為這是個創造「天心」能量的一年，所謂「天心」指的就是嶄新的能量，就好像太陽東升一般，做好布局可旺個12年。事業貴人星雖然明顯，不過最好的策略是成為別人的事業貴人。健康星的氣勢雖旺，不過養生和安太歲一樣重要。

1944年的猴（民國33年，甲申年，79歲）

愈老愈值錢！聽說過嗎？不論男女都是如此，只因為人生更加豁達。尤其是太歲祿神照拂的今年，再加上驛馬星的驅動，這一整年的生活型態不是精彩可以形容。這些都是壬寅虎年太歲星所提供的能量，不過先決條件是要把身體顧好，唯有健康的身體，才有機會嘗試更多的生活新鮮事。另外要提醒自己的是學會放下，兒孫自有兒孫福，許多事看在眼裡，飄在微風中。

屬猴流月運勢

宜謹慎面對的月份：正月、六月、七月、九月、十二月

正月 運勢（國曆2/4～3/5）

　　新春之月，歡喜過新年。新年新希望，新年新氣象，只因為驛馬星快馬加鞭，啟動整個動滋動滋的新年。人生有幾回脫胎換骨的機會，壬寅年遇到壬寅月，加倍馬力的流月，努力規劃新策略可，出遠門旅遊則萬萬不可。

二月 運勢（3/5～4/5）

　　太歲桃花星隨著春風舞動，龍德吉星與紫微星照拂，這是人緣磁場超優的月份，除了廣結善緣外，本月更適宜彌補新春之月的遺憾，那就是安排旅遊事務。本月大利嫁娶。財利吉星氣勢佳，商務賣賣與投資求財短線財利可期。男士們的情緣運勢也十分理想。

三月 運勢（4/5～5/5）

　　三合吉星照拂之月，諸事皆宜。由於太歲文昌星和本命財化星處於共振狀態，對於理想實現而言，這是個吉利而順遂的月份，因此心動就該馬上行動。不過還是要提醒的是，由於日犯「白虎星」和「喪門星」，探病弔唁之舉避之為宜，勢在必行請攜帶一包粗海鹽。

四月 運勢 （5/5～6/6）

六合之月，福德星、貴人星、天德星和福星併臨，吉星高照理論上應該是百無禁忌。不過也正因為吉星高照，反而容易因此忽略該有的趨吉避凶。對於猴子們而言，這個月要提防的是芒刺，因此最為理想的趨吉避凶還是在於按部就班，依照計畫行事。情緣運佳，事業上要提防暗小人。

五月 運勢 （6/6～7/7）

太歲三合月，再加上太歲將星職事，大環境的能量是正向的。本命官貴星氣勢十分明顯，猴子們值得為事業多打拼一些，一般猴人也可以將居家環境整理一番，提升家人的事業能量。女士們的情緣事務宜細心面對。相對於女士，男士們要幸運多了。

六月 運勢 （7/7～8/7）

本命三煞星值月，諸事不宜。雖然出現「月德吉星」和「天喜星」，但由於月犯「小耗星」與「死符星」，重要吉事還是另擇他月為宜。不協調的磁場影響的是財利運勢，需要謹慎理財，大筆金額的付出稍緩為宜。本月不利嫁娶，健康也需要多費心思。

七月 運勢 （8/7～9/7）

傳統鬼月到了，這是個極為不平安之月。原因不是「鬼月」，而是月犯「五鬼」，再加上「歲破」，這個月最需要用心的是交通方面

的守護。本月不利嫁娶，職場也一動不如一靜。七月十五日是「第官赦罪」的日辰，一年一度的轉運日務必牢牢掌握。

八月 運勢（9/7～10/8）

本月大利嫁娶，只因為月圓情更圓。不過女士們對於新的戀情，還是需要多給自己一些時間觀察。合作氣息十分活絡，合作機會宜掌握，不過有必要從小的合作項目開始。八月十五日夜晚，請記得祭拜龍德星君，運勢可旺到明年。人緣磁場佳，從祝賀佳節開始。

九月 運勢（10/8～11/7）

白虎星虎視眈眈，這是捐血最理想的月份，既做功德，種福田，又化解血光之災。本月不宜弔唁、探病，勢在必行請攜帶一包粗海鹽，回家路上再扔掉。祿神氣勢高掛，貴人星氣勢佳，大利廣結善緣，合作的能量頗強，需要仔細訂妥遊戲規則。

十月 運勢（11/7～12/7）

歲合星主事的月份，對於猴子而言諸事皆宜。這是「豬月」，也是合住太歲讓猴子喘口氣的月份，雖然偏沖氣息強烈，但文昌星提供心想事成的能量，翻轉吧！猴子。上個月的仔細，本月有機會把合作能量放大。大利事業的出發與轉型。

十一月 運勢（12/7～1/5）

本命三合月，再加上將星值月，上個月的出發與轉型氣勢，本月可望持續。文昌星繼續照拂，文采飛揚的感覺是美好的，把點子記錄下來有機會換成銀子。健康星氣勢不佳，規律的作息十分重要。財源吉星氣勢活絡，投資求財宜以低接的方式進行。

十二月 運勢（1/5～2/4）

歲煞星值月，本月諸事不宜，更是不利嫁娶。雖然出現「月德吉星」的身影，不過由於太歲「病符星」作祟，這個月的重要功課不只是健康養生，還有謹慎理財。歲末年終，靜下心規劃，迎接正財氣息旺盛的兔年。值得提醒的是，健康養生功課依舊不宜忽略。

向對的人學習，善用智慧讓幸福滿分

超前部署，已經成為後疫情時代的用語，卻也是雞族們2022年的流年趨吉避凶。財利豐盛的今年，其實隱藏著一種風暴，你知道該如何部署才可以化風暴為好運回報嗎？

流年運勢

木雨綢繆，這四個字聽起來似乎有點無奈，看起來應該也不會順眼，更相信不會是雞族們想看到的流年形容。不過，當雞族們瞭解「未雨綢繆」其實是一種理念，同時也是一種智慧，更是一種遠見的時候，應該會以期待的心情把這篇運勢分析文章看完，並且看得很仔細。

先說雞族們為什麼要「未雨綢繆」。肯定的答案是，並非為了防範未然，而是提前布局創造機會。對於雞族們而言，2022壬寅虎年是個「遍地黃金，鈔票淹腳目」的流年，只要雞族們善用智慧，並且創

亮點色系	幸運點色系	幸運數字	吉利方位
綠色、黃色	藍色、黑色、白色、金黃色	6、2、7、0及其組合	正北方、西北方、正西方

幸運點色系：流年運勢最需要補充與強化的元素與色系。
亮點色系：根據宇宙大自然或太歲星所提供較豐富的能量，充分運用會成為開運亮點元素與色系。

造機會，就有機會讓幸福滿分，財富滿盈。而這個機會元素的起源，來自於「朋友」。然而話說在前面，絕非和朋友直接合作，而是借助朋友的智慧點子，以及朋友的文昌星能量轉化成財源生財，如此既旺了財，又順了事業。只不過，此文昌星能量無法說來就來的，而是需要積極廣結善緣，主動向對的人學習，進而營造共好的環境或團隊，否則就算鈔票淹到了鼻子，也只會讓人窒息。

由此可知，讓雞族們2022年財富滿盈的旺運元素是「人」。更貼切的說法，應該說是借助「人」的智慧。然而，回到太歲氣數結構中，發覺2022年雞族們最弱的就是人際關係，說明的是「人」的能量是匱乏的，這個時候即便再諂媚也很難發生作用。嚴格說起來，引動這股旺運的能量是需要技巧布局與策略的，不過也不難因為「幫別人實現夢想，讓自己美夢成真」，雞族們需要的就是這個意境。

最後要說的是和「遠見」有關的「未雨綢繆」。山雨欲來風滿樓，2022年雞族們冒犯的是「小耗星」，這是「歲破」來臨前的訊息，也就是說2022年如果沒有做好規避「小耗星」的暗中耗損，也沒有執行該有的趨吉避凶策略，那麼明年（2023年）將容易因為「沖太歲」，而讓整體運勢陷入危機式的震盪。

好了，說完「未雨綢繆」的運勢分析，建議繼續閱讀「生肖開運風水」和各領域的旺運策略，還有流月的「月月安」策略。

事業運勢

疫情期間工作沒有受到影響的人恐怕不多，而進入2022年的後疫情時代想要重新出發的人將如雨後春筍，許多雞族們也會是其中之一。整體而言這是個好年冬，財利星氣勢佳，名氣星得到了幫助，

祿神星更是得天獨厚，代表在疫情期間受到壓抑的事業有機會絕處逢生。不過可惜的是，不論是另起爐灶，還是重大轉型，都不容易成為雞族們的主要選項。而也就是因為如此，雞族們容易失去再創風華的大好機會。

因此建議雞族們安排學習的機會，不論是經營者，還是受聘者，都需要向能夠指引自己的專家或朋友學習，因為這一年的命運亮點就是學習後的開創與翻轉，而不是選擇傳統以靜制動式的幸運點——守株待兔。

 ## 財利運勢

遍地黃金，鈔票淹腳目。是真的！從太歲財祿星職事看來，對於雞族們而言，這的確是個財富充沛的流年。不過可惜的是，一種典型「有財無庫」現象出現在流年氣數中，再加上財源活水並不活絡，因此需要執行啟動財源星的策略。

首先學習開闊財源的智慧，這是個逼迫人們成長的後疫情時代，學習、模仿後的創新，雞族們會發覺財源水線因而接通，財源廣進的能量啟動。接下來就是開始財庫星，除了重整企業系統外，雞族們需要團隊合作承擔大財富的能量。有意購買屋宅的雞族們，這是絕佳的好時機。投資求財的標的，儲蓄概念股、ETF、固定收益基金，對於雞族們而言，就是財庫的概念。

 ## 情緣運勢

大利嫁娶，是擇日學與農民曆上的記載，這是個值得祝福的流

年。對於女性雞族們來說更是幸運，只因為「正緣星」攜帶著幸福的禮物出現，單身適婚並且對於婚姻有所期待的女士們，建議放慢腳步，讓塞滿事業事務的生活中有一點情緣能量停歇的位置。這是個最佳的成家立業年，雖然男士們並不適用，不過如果你另一半的生肖屬雞，那就要大大恭喜。否則男士們有必要謹慎面對這一年的情愛事務的運作，把生活焦點擺放在事業上反而更容易引動幸福。已有伴侶的男士，宜珍惜另一半，因為她就是你的大貴人。溫馨提醒的是，時機成熟了，建議就要趕緊共結連理，因為明年（2023年）的歲破年大忌嫁娶。

開運風水

借力使力是老生常談，不過對雞族們的2022年運勢卻是開運重點中的重點，尤其借助的是朋友「文昌星」能量。在風水學上，這個關鍵星曜位於「正北方」和「西北方」。

居家和辦公室的「西北方」擺放黑曜石材質的豬造型擺件，也可以懸掛山水畫。而「正北方」則擺放陰陽水和金屬材質的神龍龜，隨身攜帶更為理想。

雞族們的本命五行屬金，本命方位在正西方，土和金是生助五行，黃色、白色和金黃色則是本命吉利色系。

不過由於轉動流年五行架構的關鍵五行屬水，因此黑色與藍色是吉利色系，衣服配件用之大吉。而金的五行，則是引動「金發水源」的吉利元素。

流年運勢亮點顏色與方位：正東方、東北方。綠色、黃色。
流年運勢幸運點顏色與方位：正北方、西北方。藍色、黑色、白色、金黃色。
流年貴人生肖：豬、老鼠、龍、雞。

屬雞各年次流年運勢

1993年的雞（民國82年，癸酉年，30歲）

　　機會出現了，是要掌握，還是要多想想？答案十分清楚，此種正向蝴蝶效應的流年12年才這麼一回，機會啟動了，財富星和事業星的能量都將獲得啟動。面對如此這般的流年，即便機會星沒有出現，也要自己創造，就從學習開始。值得提醒的是，由於流年氣數中存在的是獨樹一格的成就，因此不是合夥，也不會是一窩蜂的盲從。情緣運勢女士為佳，但人品很重要。

1981年的雞（民國70年，辛酉年，42歲）

　　先求有，再求好。通常會出現在安慰的對話中，不過對於雞族們的2022年運勢分析來說，卻是典型步步為營的描述。先顧好已經擁有的，再繁衍出觸類旁通的新項目。在事業上容易出現新的想法，值得嘗試。姻緣上辛苦有成，男士們多一分謹慎，少一分煩惱。財富運勢上，則是欣欣向榮。家庭運勢頗優，遷徙、修繕和購屋都值得掌握節奏進行。

1969年的雞（民國58年，己酉年，54歲）

　　整理後再出發。去年（2021年）「將星」，今年（2022年）「官祿星」，明年（2023年）歲破星，如此看來今年會是雞族們好運勢的

最高峰，順勢才是最為理想的開運策略。不過在事業、財運與家庭運勢都理想的情況下，人和成為這個時候加分的重點功課。成功的人懂得借力使力，那你呢！情緣運勢不論男女生都需要謹慎以對。事業出擊，按部就班，步步為營。

1957年的雞（民國46年，丁酉年，66歲）

幸福是積累的，是努力經營的結果。對於幸福能量超強的2022年而言，雞族們成為流年幸運生肖的榜首。「歲德合吉星」照拂，「福氣星」和「智慧星」交織，對於企業雞族而言，再創高峰不應該只是所謂的心想事成。不論男女生，情緣運勢也都是幸福的。不過值得提醒的是，雞族們有必要學會分享好運勢，讓自己成為玉米田的幸運主角。

1945年的雞（民國34年，乙酉年，78歲）

珍惜，是件美好的事。珍惜出現在身邊的每一個故事，人、事、物的故事。朋友星沖太歲的今年，不是要提醒謹慎交友，而是要多珍惜和老朋友相聚的機會。而貴人星明顯的今年，除了恭喜好運外，卻也在提醒雞族們率先成為別人或晚輩們的貴人，就從分享喜悅開始。這一年，家運佳，人緣亦佳，健康星也理想，不過在多愛自己的同時，謹慎理財卻是必要的提醒。

屬雞流月運勢

宜謹慎面對的月份：二月、三月、八月、十月、十二月

正月 運勢（國曆2/4～3/5）

好的開始應該是成功的全部，新春之月，也是太歲之月。雖然屬於太歲伏吟，不過本月還是諸事皆宜。盡情享受過年喜悅的同時，也有必要著手規劃一整年的事業、家庭好運勢的落實。男士們宜謹慎面對情緣事務。恭喜女士們，本月大利嫁娶。

二月 運勢（3/5～4/5）

本命六沖月，諸事不宜，尤其忌諱嫁娶。按理說這是個十分不吉利的月份，不過由於文昌星冒出頭，因此只要雞族們妥善規劃本月事務執行，不但財運順遂，同時情愛世界事務也可望獲得正向轉化。唯一要提醒的是健康的養護，別太累。

三月 運勢（4/5～5/5）

本命六合月，卻也是本命三煞星主事的月份，本月不利嫁娶。這是節氣交換的時候，調整磁場是讓整體運勢邁進陽光普照的夏季佳策良方，居家和辦公室風水很重要，而心情風水也忽視不得。靜下心，享受六合吉星的能量，本月也是購屋的吉利月。

四月 運勢（5/5～6/6）

進入夏季，陽光嶄露熱情。本命三合星照拂，本月諸事皆宜。官貴星氣勢頗佳，職場事務值得多用點心思，心想事成，辛苦有成。女士們的愛情運頗佳，好的對象就該主動把握。男士們宜關心另一半的健康。謹慎理財，巨大金額的付出，宜三思。

五月 運勢（6/6～7/7）

四大吉星同時照拂的本月，自然是吉利非常。紅鸞吉星、福德星、天德星與福星照拂，再加上桃花星氣勢佳，本月大利廣結善緣積累貴人籌碼。官貴星氣勢亦佳，事業的轉型就在此刻。男士們的情緣運勢頗佳，女士們則謹慎為宜，不選擇是最好的選擇。

六月 運勢（7/7～8/7）

歲德合與月德吉星併臨，即便月犯小人，這依舊是個吉利的月份。不過職場的事務還是謹慎處理為宜，以靜制動是好策略，事緩則圓就是這個意境。女士們的情緣運勢依舊需要多費心思。不過對於構築幸福的窩而言，這是個理想的月份，整修和購屋皆宜。

七月 運勢（8/7～9/7）

傳統七月總是讓人心存敬畏，而今年的七月格外不同，只因為多了「歲破」。這是個不平安的月份，忌諱出遠門，而交通安全更需要用心。一動不如一靜，指的是職場事務，也透露出人際關係的微妙現

象。家庭重要事務，稍安勿躁為宜。

八月 運勢（9/7～10/8）

　　本命月，卻也是將星月，讓原來應該謹慎的時刻，多了貴人的能量，職場事務值得更加努力，因為容易得到預期中的肯定。月圓人團圓，中秋節的祝福不可少，人緣磁場也容易因此獲得提升。本月不利嫁娶。中秋補運，切記一定要執行。

九月 運勢（10/8～11/7）

　　太歲三合月，諸事皆宜，除了嫁娶。家庭運勢頗優，購屋置產之舉宜繼續執行。六害星虎視眈眈，人際互動宜謹慎，事務的執行也需要耐心，以免功虧一簣。太歲白虎星職月，避開血光的好策略就是捐血，既種福田，又化災厄。

十月 運勢（11/7～12/7）

　　喜悅的月份，歲祿星、歲合星、機會星、驛馬星一次到位，請叫我第一名。這是個行動月，人際關係能量的提升，投資求財的運作，事業轉型或出發，都是這個月吉利而順遂的事務。距離年底還有三個月，在進入「歲破」之前，好事該發生就讓它發生。

十一月 運勢（12/7～1/5）

　　文昌星主事的本月，即便遇到五鬼星，該執行的事務依舊不應該

猶豫。距離「歲破年」還有兩個月，不論是提前部署也好，未雨綢繆也罷，靜下心好好規劃未來吧！十鳥在林，不如一鳥在手，想法很多，從可以簡單上手的開始。

十二月 運勢（1/5～2/4）

本命三合月，也是歲末年終的時刻，把心情與事務都沉澱下來，謀定而後動，計畫未來的工作不應該停歇。大環境並不理想，只因為歲煞星作祟，即便是勢在必行的重要事務，也需要步步為營。健康星磁場不佳，宜留意天候變化。

凡事不設限，讓好運勢找到幸運的出口

This is your show time！人生舞台序幕隨時都可能開啟，也隨時都有機會上台，關鍵是你願意站上舞台，還是選擇觀望。這一年有機會表現自己展現才華，趕緊做好準備吧！

📅 流年運勢

本身就命帶「華蓋星」的狗狗們，本來就具有才華洋溢的命理特質，每個人所展現的方式與地方有所不同，不過可惜的是，能夠真正獲得理想舞台而展現才華的狗狗們並不多。換個角度來說，感覺自己懷才不遇的狗狗們恐怕比想像的還要多，只是回到現實面將會發覺，即便遇到舞台選擇掌握機會上台的也不多。此種現象在未來的這一年中務必修正，否則狗狗們將會失去4年一次展露才華，實現理想，可以讓下一個4年運勢興旺的大好機會。

亮點色系	幸運點色系	幸運數字	吉利方位
綠色、藍色	紅色、紫色、黃色	1、6、7、2及其組合	正西方、西南方、正北方、西北方

幸運點色系：流年運勢最需要補充與強化的元素與色系。
亮點色系：根據宇宙大自然或太歲星所提供較豐富的能量，充分運用會成為開運亮點元素與色系。

太歲星提供的是生生不息的生旺大能量，匯聚三方四正的超強能量，讓狗狗們的流年運勢有機會來個大翻轉。這兩年因為疫情而讓事業受到委屈的狗狗們，在2022年有機會一吐怨氣來個鯉魚躍龍門式的翻揚。就太歲氣數角度來說，2022是個典型的「異路功名年」，也就是所謂的「東邊事，西邊成」，亦即容易獲得意料之外的收穫。由此可知，對於狗狗們而言，如果想讓這一年的吉利更加吉利，那就是凡事不設限，讓好運勢可以找到幸運的出口。

2022年對於狗狗們不但事業有成，財運也理想，而家庭的幸福指數更獲得提升，於是「成家立業」成為這一年最值得去執行與落實的幸福。不過狗狗們還是需要多留意健康方面的事情，只因為太歲「白虎星」作祟，而化解「白虎星」最為理想的趨吉避凶策略是捐血，因為一紅化九災，並且可以種福田積累功德。

「凡事不設限，讓好運勢可以找到幸運的出口」，如此美好的流年，卻還是需要留意文書用印的謹慎，重要的文件簽署最好邀請專業律師幫忙，只因為太歲星的神煞名單中出現「官符星」的身影，正所謂「預防重於治療」，做好風險管理才能高枕無憂。

事業運勢

常聽說，這個世界唯一不變的就是變。對於狗狗們的2022年事業運勢而言，其關鍵元素也在於變。白話說，那就是換個角度看待職場上的事物，換個不可能的思維觀察理所當然的現象，狗狗們將會發覺原來世界已經在變化，而可以不按牌理出牌的2022年，狗狗們也就沒有必要墨守成規。

企業狗狗們學會「抱團」，事業就有機會脫胎換骨。職場貴氣雖

然濃厚，不過穩定發展的契機卻十分微弱，這一年必須學會系統管理的訣竅，就從改變公司體質與組織和強大團隊開始。一般狗狗們，則大利為事業拼搏，因為辛苦有成，而有意轉變跑道的狗狗們，則值得積極行動。另外，考取證照則是自我壯大與穩健的絕佳策略。

 ## 財利運勢

　　先有雞再有蛋，還是先有蛋再有雞？這是個大哉問。如同2022壬寅虎年對於狗狗而言，是名利併旺的流年，不過到底是先有名再有利，還是先有利再有名。這雖然也是個大哉問，不過從太歲氣數角度分析，發覺狗狗們這一年最需要積極布局開啟的是財富的部份，也就是說只要財利更活絡，事業與名望自然會更上一層樓。

　　整體而言，2022年的財運以秋冬為旺，秋天布局，冬天加碼，春天收成。上班族們請安排學習機會，提升專業智慧與技能財運會更旺。事業延伸性的轉型則是企業家的旺財策略。對於股市投資求財而言，靈活是策略，選對標的是智慧，IT智慧、生活時尚、通訊與交通概念標的值得關注。

 ## 情緣運勢

　　男追女隔層山，女追男隔層紗。現代的社會男女情愛還是如此嗎？其實對於狗狗而言，不論男女都是不容易。2022壬寅虎年是女士們的正緣年，也是主動出擊年，事業的步伐放慢下來，讓有緣的他有機會跟上。男士們則建議把生活精力與時間聚焦在事業上，除了因為「偏緣星」明顯外，最重要的是10至12年一次事業大機會來了，分神

了，極容易出現可惜的結果。

　　已有伴侶的狗狗們，宜珍惜另一半。男士們宜關心另一半的健康，適當地營養補充十分重要。女士們則是另一半的貴人，有妳的關心與幫助，另一半的名利雙收，就是自己的富貴併臨。值得一提的是，這也是個理想成家年，箭在弦上的狗狗們就不要再猶豫。

開運風水

　　4年一次出現的舞台，狗狗們一定要好好掌握，秀出才華，同時秀出好運道。有意思的是，由於「異路功名」的助益，舞台上的演出以目標範疇內的即興演出較為理想。換個角度來說，這一年不要給自己設定限制，即便是不按理出牌也無妨。不過風水布局與吉利顏色務必到位掌握，否則極容易浪費4年一次的好舞台。

　　狗狗們本命屬土，因此喜愛火與土元素的生助，吉利顏色為紅色和黃色，方位則為南方、東北與西南。正巧壬寅年的流年吉利顏色也是紅色與紫色，而方位則以東北方為佳。在居家和辦公室的正南方擺放馬造型飾物，馬的前蹄高舉代表躍馬中原，馬頭向外代表爭取功名利祿。東北方擺放黑曜石貔貅，隨身攜帶龍龜飾品具有升官發財的神奇效應。

流年運勢亮點顏色與方位：綠色、藍色。東方、北方。
流年運勢幸運點顏色與方位：紅色、紫色、黃色。南方、東北方、西南方。
流年貴人生肖：老虎、馬、蛇、狗。

屬狗各年次流年運勢

1994年的狗（民國83年，甲戌年，29歲）

火力全開，神采飛揚，這是個幸運的流年。有道是「時間擺在哪裡，成就就在哪裡」，這是個值得打拼的一年，周遭充滿著機會等待狗狗們去承接與開啟。企業狗狗宜積極轉變事業型態，一般上班族則宜卯足勁學習，否則只會浪費太歲星的貴助能量。有意轉換跑道的狗狗們，值得開始布局。家庭運勢需要獲得提升，將居家風水布局好，家溫暖，好運也提升。

1982年的狗（民國71年，壬戌年，41歲）

雖然說合作力量大，也說借力使力少費力，不過對於2022壬寅虎年而言，狗狗們恐怕最需要謹慎面對的就是合作的事務。整體而言，流年財運十分理想，事業運也是頗優，對於有意開創新事業或進行事業轉型的企業家們而言，這是個十分有利的出發年。只不過需要規避的是「人云亦云」和「因人設事」，合作事業更應該謹慎挑選對象，而遊戲規則也有必要「先小人，後君子」事先訂定愈詳細，天長地久的機率就愈強。不論男女，情緣運勢謹慎以對，避免誤踩地域地雷。

1970年的狗（民國59年，庚戌年，53歲）

有人說「我們是被逼著成長的」。是的，時代的變遷，大環境的突發狀況，讓人難以應付，這兩年就是這樣。對於狗狗們而言，2022

年將會有很大的目標出現，因此極容易因為要掌握而急就章行動。萬事俱備，只欠東風，這股「東風」就是規劃時程，按部就班，為了避開一股腦的風險。財利與事業運都理想，然而人際關係卻需要多費心思，就從釋放學習的訊息態度開始。

1958年的狗（民國47年，戊戌年，65歲）

智慧與經驗豐沛的狗狗們，再遇到提供更多生命能源的太歲，這一年即便不是登峰造極，也會是如日中天。整體太歲星的亮點將會出現在狗狗們的系統運作上，個人生活的節奏運作，事業上的整體規劃，投資求財方面的布局，家庭幸福的彩繪，健康養生的紀律，給予只問系統不問人與事的籌劃，狗狗就是今年最幸運生肖。另外就是設定目標。

1946年的狗（民國35年，丙戌年，77歲）

創業維艱，守成不易。古有明訓，值得隨時自我提醒，尤其是在2022壬寅虎年，狗狗們要留意，也是要格外提防的就是「人」的事務。生活上所有的事務都不會是因為「人」的因素而進行，唯有跳脫「人」的影響回歸現實面，狗狗們才有機會避開這一年的「大劫財」。值得一提的是，「劫財星」影響的不一定是金錢運，許多時候也會影響家庭、健康與人際關係運勢。

屬狗流月運勢

宜謹慎面對的月份：三月、六月、八月、九月、十二月

正月 運勢（國曆2/4～3/5）

太歲伏吟月，謹慎行事為宜。本命三合月，對於狗狗而言，卻是理想而吉利的月份。本月大利籌劃一整年事業與財運，最重要的是積極向職場貴人拜年，展現誠懇，獲得熱情。家庭運勢頗佳，家人凝聚好氣氛，布局好風水，旺個一整年。

二月 運勢（3/5～4/5）

本命六合月，諸事皆宜。不過有趣的是，本月卻不利嫁娶，還是尊重的好。桃花星盛開，本月大利廣結善緣，可望繼續積累貴人籌碼。財利運勢依舊理想，投資求財宜逢低承接。男士們的情緣運勢頗佳，人對了就該珍惜。女士們則以謹慎為妙。

三月 運勢（4/5～5/5）

六沖之月，諸事不宜。理論上的確如此，不過對於狗狗而言，此種「沖」卻是一種機會的象徵，表示處於瓶頸的事務有望解套。太歲文昌星和事業星同宮，職場事務值得努力，這是脫胎換骨的機會。女士們的情緣運勢頗佳，幸福來自於主動。

四月 運勢（5/5～6/6）

　　諸多吉星照拂的本月，將會是狗狗們這一年最幸運的一個月。紅鸞、龍德、紫薇、福祿星併臨，即便大環境因為「歲害」而呈現不安穩，狗狗們依舊可照表練兵，辛苦有成。家庭運勢超旺，重要事務值得擇吉執行，尤其是購屋、換屋與修繕事務。

五月 運勢（6/6～7/7）

　　太歲三合，也是本命三合月，諸事皆宜。事業運勢依舊理想，只因為「將星」照拂，值得勇敢承擔不可能的任務。對於重要文件的簽署，有必要委託專家，以免招惹官符星。本月不宜弔唁與探病，勢在必行請攜帶一包粗海鹽或七片葉子的榕樹「青仔芯」。

六月 運勢（7/7～8/7）

　　不協調的磁場，即便有「福星」高照，也依舊需要謹慎行事。情緣事務，不處理將會是最好的處理。雖然如此，家庭運勢頗佳，搬家、入宅與修造之舉皆宜進行，同時也是大利購買屋宅的時候。劫財星暗藏，宜謹慎理財。

七月 運勢（8/7～9/7）

　　傳統的七月，總是會被提醒諸事不宜，抱持尊重的心即可。事實上這是個吉利的月份，即便因為「歲破」而出現諸事不宜的警訊，卻也因為「偏財源吉星」照拂，是個有利可圖的天象寫照。男士們宜謹

慎面對情緣事務，誤踩地雷的結果很難想像。

八月 運勢 （9/7～10/8）

雖然是月圓人團圓的月份，不過擇日學中依舊把本月記載為不利嫁娶。嚴格說起來，這是個機會星磁場活躍的月份，只不過因為「六害星」的干擾，宜提防誤判時局，因此重要抉擇還是稍安勿躁為宜。八月十五日晚上請記得祭祀「龍德星君」，旺運改運一氣呵成。

九月 運勢 （10/8～11/7）

本命伏吟月，諸事不宜。這是個容易出現大好大壞現象的月份，再加上是歲星入墓月，即便「文昌星」照拂，重大事務執行還是宜謹慎再三。自信心是戰勝一切的利器，本月最大機會就是自我猜忌。情緣運勢不理想，本月不利嫁娶。

十月 運勢 （11/7～12/7）

歲合星與歲祿星併臨，這是個吉利的月份。狗狗們也容易接獲富貴併臨的磁場訊息，商場、職場和業務行銷都值得加把勁。財利運勢頗佳，財源吉星和財祿吉星到位，高出低進，順勢而為。男士們的情緣運勢並不理想，女士們既幸福又幫夫。

十一月 運勢 （12/7～1/5）

金錢星活絡的本月，投資求財有利可圖現象依舊明顯。商務買賣

與業務行銷值得努力,股市投資求財則有必要尋找賣點,順利入袋為安。情緣磁場雖同步活絡,不過務實才是聰慧贏家。健康磁場並不理想,沒事多休息,累壞了划不來。

十二月 運勢（1/5～2/4）

歲末年終,偃旗息鼓,檢視過往,只為開春全力再出發。本命三煞,再加上歲煞,這是個不吉利的月份,重要吉事還是另擇他月為宜。劫財星在暗中虎視眈眈,本月宜謹慎理財,年貨的購買也需要規劃。健康星磁場不佳,飲食養生宜多費心思。

借力使力，運用合作的方式提升自我能量

12年一回，幸運的滋味，值得豬族們細細品嘗，這就是2022年流年好運勢寫照。只不過，這些數不清的吉星磁場，需要是到位的流年趨吉避凶策略……

📅 流年運勢

嚴格說起來，還真的不只是12年一回，應該說60年才這麼一回。仔細想想，擔任「太歲祿神星」重任的機會是10年一回，而因為六合太歲而成為陪伴在君側的「歲合星」的身份，則是12年一回，然而既是「太歲祿神星」，又是「歲合星」，兩大吉星同時掛在身上的機會也就只有60年才會出現一次。

仔細想想，人生有幾個60年。此種意境好有一比，那就是在不經意的狀態下，遇到微服出巡的皇帝，並且獲得皇帝的讚許而躍過龍

亮點色系	幸運點色系	幸運數字	吉利方位
綠色、紅色、紫色	白色、金黃色	7、6、2、4 及其組合	西方、西北方

幸運點色系：流年運勢最需要補充與強化的元素與色系。
亮點色系：根據宇宙大自然或太歲星所提供較豐富的能量，充分運用會成為開運亮點元素與色系。

門。如此看來，2022壬寅虎年將會是豬族們翻轉生命的流年，這個時候需要的是行動，於是猶豫成為「希望殺手」。

太歲文昌星是豬族們的流年亮點星，而歲合星與歲祿星則是流年幸運星。亮點星指的是，努力執行就會出現亮麗的好結果，不過如果可以搭配幸運星特質運作，這將會是個60年一次的真正轉運年。對於豬族們而言，幸運星的特質就是，懂得借力使力，運用合作的方式提升自我能量，放大好運勢的結果。

無論如何，拼了！因為再仔細想想，下一個60年，下一個壬寅年，豬族們在哪裡？

豬族們有理想就該付諸行動，如果又可以在經過計畫的節奏下行動，那麼事業新世紀的啟動，新生命的翻揚，都將成為太歲星贈與的禮物。於是乎，豬族們在2022壬寅年要執行的第一個開運策略，那就是安太歲。安太歲的原因不是避凶，而是老老實實的趨吉，感謝太歲的能量，牢牢抓住太歲星的幸運點，然後將流年亮點以淋漓盡致的方式展現。總的來說，豬族們在2022壬寅年中將會是幸運的生肖。至於事業、財運、情緣等運勢，是否也這麼幸運，讓我們繼續看下去。

 ## 事業運勢

一個人可以走得很快，一群人可以走得很遠。想成功有很多方法，努力與學習是其中之一，而最為理想的就是合作。對於豬族們而言，2022年將會有很多機會和人合作，不論是創業，還是項目的合作，都是值得考慮並且付出行動。只不過需要提醒的是，在合作之前有必要架構遊戲規則，最好的策略是以團隊的模式執行，並且設妥運作與管理系統，日後只問系統，不需要理會人的是是非非。換個角度

來說，容易成功的模式是團隊，屬於個人的合作方式還是避之為宜。

學習與模仿是節省許多精力與時間的成功方法，因此有必要練就第二或第三專長，企業家們也容易成功進行事業的轉型策略。

 財利運勢

一般豬族們需要的是本事，企業家們則需要靈活的轉變策略，積極主動出擊有機會名利雙收。整體財運以春夏為旺，秋天是收成的季節，冬天低接期待明年。投資求財的標的，股與債各半，積極型與保守型交叉運作，網路通訊概念股、疫情宅經濟概念股、通路概念股、穿戴3C概念股……，將會是理想的財利標的。

 **情緣運勢**

文昌星往往容易和桃花星畫上等號，只因為文昌星展現才華，同時也綻放人緣磁場，因此人緣桃花星的稱謂當之無愧。只不過，這顆人緣桃花星恐怕就不適宜被當成男女情緣桃花星來使用，因為哪將會落得只旺桃花，而讓財富與事業凋零的結果。換個角度，對於情緣來說，這一年最為理想策略是平常心，就如生活上吃飯喝水一般，而較為理想的情緣對象，也將會是有事業幫助的人選為佳。

女士們雖然容易遇到理想的對象，不過還是需要給自己一些時間觀察，只因為大部分的理想對象的生活背景是需要被釐清的。男士們最好將生活焦點擺放在事業上。已有伴侶的豬族們，可以一起打造共同的幸福愛巢，購屋置產的好時機。

屬豬各年次流年運勢

1995年的豬（民國84年，乙亥年，28歲）

進可攻，退可守，是兵家致勝的最高境界，同時也是豬族們2022年的贏家策略。由於太歲星提供機會磁場與行動力，再加上貴人能量也十分明顯，出奇制勝是一種貼切寫照。更可貴的是，太歲磁場同時出現細心的氛圍，讓積極性的行動力不容易偏離目標。這個時候出現一個關鍵訊息，那就是設妥目標，認清靶的方向，再釐清對的風向和濕度，想精

開運風水

即便是幸運生肖，也需要加分的風水布局，讓三陽開泰的故事發生在自己身上。

豬族們的本命五行屬水，本命方位在西北方，因此金和水是吉利五行，而西方、西北方和北方則是本命幸運方位。

壬寅年太歲五行為水與木的結合，對於豬族而言是一種人脈、智慧與開創的組合。既然有太歲星的引導，心中的理想就該勇敢實現，其吉利方位在東方、東南方。這些方位居家風水布局的部份請參考「風水造吉篇」。

居家和辦公室的正西方宜擺放白色圓形飾物，白水晶和鈦晶球是理想選擇，而擺放黑曜石貔貅或隨身攜帶龍龜飾物，則人脈能量更容易獲得強大的提升。西北方則宜擺放馬造型飾物。

流年運勢亮點顏色與方位：東方、東南方、北方。綠色、紅色、紫色。
流年運勢幸運點顏色與方位：西方、西北方。白色、金黃色。
流年貴人生肖：老虎、兔子、雞、老鼠。

準命中目標，營造預期中的成功並非難事。

　　雖然說選擇大過於努力，然而不選擇或遲疑不定更容易讓成功擦身而過，年輕就是本錢掌握機會再說。財利運勢雖不盡理想，不過貴人星卻提供合作生財的能量。

1983年的豬（民國72年，癸亥年，40歲）

　　天底下最難搞的就是「人」，尤其是自己人，相信這是許多人的心聲，2022年的豬族們要面臨的重大流年課題就是「人」。聽起來好像並不吉利，應該會有很多「人」的麻煩，不過幸運的是，由於太歲星同時也提供舒緩與化解之道。

　　首先，多接近正向思維的人，其次對於身邊親友的抱怨聽聽就好，千萬別身陷其境。而最重要的是，找一群正向積極的朋友，一起開啟財運和事業運的大門，並且定期檢視與修正。年中結算，1983年的豬族們將會是最為幸運的一群。值得提醒的是財利運勢的運作，就好像一刀兩刃一般，燒錢和賺錢通常會在一線之間。男士們務必學會保護自己，誤惹爛桃花的結果會很慘！

1971年的豬（民國60年，辛亥年，52歲）

　　機會如潮水般湧現，這是個可以如願大展身手的流年。原來就很有想法的豬族們，在太歲星的引動下更是顯得靈活靈現，對於商務買賣的人來說是如虎添翼，容易嘗試到理想變現的舒暢感。企業家們對於事業的轉型可望順心如意，一般豬族們也容易透過學習為事業加分。

　　整體來說，這是個幸運的一年，因為生活多了精彩性的豐富感，因此有想法就該給予落實的做法，而提升財富的能量也因而獲得實現，換言之這是豬族們千載難逢的「智慧生財年」。雖然如此，如果想讓此

種好運勢以綿延不絕的方式呈現，豬族們需要執行的就是廣結善緣。多了貴人的助益，整體太歲能量的正向循環才有機會以倍增的方式運轉。

1959年的豬（民國48年，己亥年，64歲）

目標明確辛苦努力才不會白費。對於1959豬族們而言，2022年的目標應該是再明確不過，那就是太歲星所提供的能量，順著這股能量執行的結果，有很大的機會可以名利雙收。不過值得提醒的是，由於這股磁場中充滿焦慮的隱憂，因此有必要搭配循序漸進與按部就班的節奏，否則到頭來付出和收成容易出現極大的反差。換言之，豬族們需要的除了規劃外，還需要步步為營的堅持。

家是最強的旺運場域，因此宜把居家和辦公室環境依照「風水造吉篇」布局，另外內心世界的「家」也需要安穩，就從自我肯定開始。紅色與紫色是理想色系，衣服配件用之大吉。男士們宜謹慎面對情緣事務。

1947年的豬（民國36年，丁亥年，76歲）

歲德合吉星是豬族們2022年守護神，代表的是，這一年貴氣十足、自信的表徵。名人，更有名氣；一般人也容易獲得預期中的肯定。而將此種貴氣以超強式提升的策略，將會是成為別人的貴人，主動關心並幫助身邊的自己人，也對周遭的需求伸出援手，則豬族們將會是2022年最幸福、最豐盛的生肖。

健康磁場雖獲得歲星的照拂，但養生事宜依舊不宜忽略。家庭運勢頗佳，將居家風水用心布局，幸福與圓滿將會如期降臨。企業家可望架構妥善的領導系統，讓公司的營運更有效率，而事業體質的蛻變更將有跡可循。男士們宜關心另一半的健康。

屬豬流月運勢

宜謹慎面對的月份：四月、六月、十月、十二月

正月 運勢（國曆2/4～3/5）

六合之月，諸事皆宜。新春的喜氣充滿，再加上人緣文昌星的祝福，本月大利廣結善緣，就從積極祝賀新年開始。太歲驛馬星發動，適合視情況安排旅遊事宜。最重要的是，對於一整年的計畫也適宜從本月開始啟動。財運佳，投資求財有利可圖。

二月 運勢（3/5～4/5）

三合之月，又有太歲桃花星與陽貴人的照拂，本月依舊有機會享受桃花舞春風的暢意。廣結善緣的旺運策略本月依舊管用，對於本月出現的合作機會宜積極掌握，只要將遊戲規則訂定清楚，事業的蛻變盡在其中。財源吉星加持，商務買賣與業務行銷值得努力。

三月 運勢（4/5～5/5）

太歲文昌星高高掛起，再加上紅鸞吉星照拂，這是個春風如意的月份。本月大利嫁娶。人際關係磁場十分理想，貴人籌碼有機會獲得積累。事業運勢也活絡，商務投資與業務行銷都值得努力。不過對於股市投資求財而言，卻是個順勢調節入袋的時候。

四月 運勢（5/5～6/6）

六沖的月份，諸事不宜。對於豬族們而言，這是每年必經過的月份，由於驛馬星也受到衝剋，因此凡事以靜制動，而交通安全也需要多費心。由於也出現太歲六害星的蹤跡，事緩則圓成為本月事務執行的法則。溝通的事務，也宜降低節奏。

五月 運勢（6/6～7/7）

太歲三合星照拂，大環境的能量是正向的，而陽光也是燦爛的。不過本月還是不宜嫁娶。情緣運勢也不理想，再觀察一段時間為宜。不過幸運的是，財利運勢頗佳，投資求財與業務行銷都有利可圖。本月多採用白色系列衣物，有益健康運勢的維護。

六月 運勢（7/7～8/7）

本命三合月，對於豬族們而言，自然是幸運的。不過整體大環境並不佳，這是個宜謹慎理財的月份，這其中尤其要避免歡喜劫財的機會，消費購物前多給自己三分鐘。即便如此，下個月要執行的重要事務，最好在本月就定案啟動，以免遭受六害之厄。

七月 運勢（8/7～9/7）

傳統的七月，總是讓人敬畏幾分。嚴格說起來，這的確是諸事不宜的月份，除了歲破，還有本命六害，重要事務的執行宜檢視再檢視。本月不利嫁娶。攸關日後運勢旺衰的重要抉擇，也最好避之為

宜。適宜在居家和辦公室的西南方，擺放陰陽水化解六害煞氣。

八月 運勢（9/7～10/8）

中秋佳節，代表的是一種圓滿，也是幸福的象徵。這是豬族們今年最為理想的月份，除了福壽星的照拂，還有太歲龍德星的庇佑。本月最為理想的旺運策略就是積極祝賀佳節，月圓人團圓，貴人也綿延。不過女性朋友們宜多留意情緣運作，感覺不對隨時撤退。

九月 運勢（10/8～11/7）

太歲三合月，再加上本命天喜星照拂，這是個吉利的月份。本月大利合作取財，借力使力的結果是豐盛的。雖然本命煞星作祟，只要多利用團隊能量，白色是本月最為吉利的色系。弔唁、探病之舉避之為宜。健康星出現壓力，適時紓壓是必要之舉。

十月 運勢（11/7～12/7）

本命之月，謹慎行事為宜，只因為大好大壞的能量超強。本月不利嫁娶。不過只要豬族們掌握順勢而為的節奏，以及團隊運作的策略，這將會是個大利成家立業的月份。對於有意購買屋宅的豬族們而言，這是個吉利的好月，既買了好宅，也避開了劫財。

十一月 運勢（12/7～1/5）

歲德吉星加上貴人星和桃花星併臨，這是個吉利非常的月份。本

月宜積極廣結善緣，積累貴人籌碼。對於商務和業務的豬族們而言，這更是個大利多之月，努力一點，勤奮一點，業績會旺很多點。不過要提醒的是謹慎理財，投資求財宜逐步收成忌追逐。

十二月 運勢（1/5～2/4）

歲煞星主事的本月，諸事不宜。這是大環境的事，同時也是豬族們的整體運勢寫照。壓力容易造成人際關係的變化，因此謹言慎行為宜。由於病符星值月，出門宜戴口罩，勤洗手，留意飲食。歲末年終檢視過去，規劃未來，為下一個三合年做好準備。

壬寅年

星座運勢
深度解析

紙鳶翱翔，虛實飄動

你準備好了嗎？你繫好安全帶了嗎？

因為我們的雙魚——白羊專機就要起飛了！

　　是的！這是個準備起飛的流年，只因為在2022年的流年關鍵星盤中出現的一只翱翔的紙鳶，在「古東方星座」也就是《果老星宗》的記載中，「紙鳶格局」是一種難得的好事發生或環境大局將出現轉變的天星結構。

　　上一次的流年關鍵星盤出現「紙鳶」是在2013年。讀者們仔細回想2013年的經濟大事有哪些，谷哥查詢到關鍵字為「服貿協議、保二、4G」，還有「第三支付開放、黑心食品連環爆……」。大部分都與政治經濟有關，只因為當時的紙鳶領航行星是冥王星，而領航星座是山羊座，右翼是土星，左翼是海王星和水星，尾翼星則是太陰星。

　　2022年的「紙鳶」領航星是木星（太歲星）、水星和海王星，領航星座是雙魚座，右翼是冥王星（山羊座），左翼是北交點（金牛座），而尾翼則是流年關鍵星盤的「天頂」是虛星。同樣都是「紙鳶翱翔」，但飛翔的內含與特質卻截然不同。從「紙鳶」結構中的成員出現虛星看來，這不會是個很紮實的流年，有許多的改變和創造需要用預測、猜測、預估、推測……的方式賭一賭，因為整體局勢在虛虛實實間飄動。

　　然而，從木星領航的角度來說，經濟調整將會是國際上的主要課題，有一種財富重新分配的意涵，因此洞燭機先的人將會成為贏家，方向與策略對了，將會是個有利可圖的流年。再就領航星座是雙魚座，而流年關鍵星盤在交友／朋友宮看來，人與人之間的互動需要重

新調整，人際關係成為這一年的旺運重點功課。換個角度來說，如何借力使力成為可以進行順利蛻變的重要任務。

另一個領航星曜是太陽，位於白羊座，關鍵星盤的家庭宮位。可以預計這一年的房價將會以飛躍式提升，而宅經濟也會在後疫情時代繼續活躍。值得一提的是，復古型的工作型態會再度被挖掘出線，至於國家政策的朝令夕改將會成為常態。不過，健康生技產業將會持續繁榮。對於個人運勢而言，這是個值得努力學習提升競爭力的流年，未必是大學問，因為所有的貴人、商機與生機都出現在身邊與日常生活中。

西方星座與東方星座（政餘天星）對照表

西方星座	東方星座
牡羊座	白羊座
金牛座	金牛座
雙子座	雙子座
巨蟹座	巨蟹座
獅子座	獅子座
處女座	雙女座
天秤座	天秤座
天蠍座	天蠍座
射手座	人馬座
摩羯座	山羊座
水瓶座	寶瓶座
雙魚座	雙魚座

2022壬寅虎年，星座運勢前三名：

❶ 雙魚座

❷ 寶瓶座

❸ 金牛座

廣結善緣，遇見貴人

幸運顏色：芥末黃、大千藍與粉紫色。
幸運物　：珍珠、香水百合。
幸運數字：8、3、4、5 及其組合。
吉利方位：東南方、正東方及東北方。

如果心想事成不是傳說，也不是隨便說說，白羊們會如何期待2022年。如果有機會結識珍貴型的重量級貴人，白羊們願意放下獨領風騷的星座特質，參加共好、共榮的團隊嗎？

◆ 流年運勢 ◆

　　人脈就是錢脈，當然這些人脈會是有效人脈。在白羊們2022年的關鍵星盤中，一共有四顆行星落在社交，也就是社團的宮位上，代表白羊們的2022是個熱絡的一年。再加上冥王星、交友宮和夥伴宮位所結合成的吉利大三角，代表貴人磁場可以用鼎盛來形容，這是個大利廣結善緣，積累貴人籌碼的大好流年。

　　心想事成真的不是傳說，也不是隨便說說，只因為木星與水星會相在白羊們的心智宮位，也是傳統上被認為是貴人位置，被稱為「福德宮」。再加上冥王星與幸運點的加持，2022對於白羊們而言，不應該成為疫情下的受害者，那就是閉關自守。

　　幸運點在學習宮位上合相冥王星與夥伴宮，對於後疫情時代來說，舊有的本領早已不符使用，新的學習就從生活中的需求開始，再延伸到身邊的大眾市場，不論疫情如何變化，白羊們的生活已然起了化學變化。換言之，這是個喜悅蛻變年。這一年的心情是微妙的，也是敏感的，因此有必要經常提供自己正向的環境與氛圍，否則很容易陷入「低情商」的泥淖中。

◆ 事業運勢 ◆

　　如意順遂的形容，應該無法和真實的情況相同。這是白羊們事業運勢的描述，雖然屬於幸運與順利的情況，不過卻不是那麼的絕對，只因為事業星和工作星會相於貴人宮位，代表所有的幸運是需要運作與醞釀。這個時候唯有務實和樂於助人，才能夠將幸運的好磁場提升。

◆ 財利運勢 ◆

　　人脈就是錢脈，當然這些人脈會是有效人脈。對於貴人磁場明顯的今年來說，白羊們的財利運勢是可以積累的。首先賺錢的模式需要改變，那就是不宜預設立場，順勢而為是理想策略。電子高科技概念股值得關注，不過最好是長線投資，車用電子是更加理想的標的。

◆ 情緣運勢 ◆

　　愛情是一種微妙的產物，愛在心口一定要開，但說多反而虛了。愛情領域沒有絕對，更沒有所謂的理所當然，男士們尤其需要此種認知。不過要恭喜的是，好事近了。5月11日之後，紅鸞星發動，單身適婚白羊有機會讓好事發生。已有伴侶，另一半是大貴人宜珍惜。

◆ 健康運勢 ◆

　　雖然疫情獲得舒緩，不過變種現象此起彼落，再加上白羊們的公眾領域磁場對於健康並不友善，因此該做的防護一點都不可馬虎。雖然這是個大利廣結善緣的流年，不過線上的互動更可無遠弗屆。另外值得提醒的是壓力的抒放，就從居家擺設改變著手，陽光和照明也缺之不得。

白羊座流月運勢

運勢較為理想的月份：2、3、5、6、7、8、10與12月。

一月 **運勢：**金星逆行，即便是新年新希望的期間，還是要留意金錢的妥善管理。水星在14日之後逆行，人多的地方不要去。投資求財，宜關注國際財經的動向。

二月 **運勢★★：**事業運勢的正能量超級強，此時不積極掌握機會，更待何時。不過善心事務宜妥善執行，以免浪費愛心資源。財利運勢十分理想，逢高調節為先。

三月 **運勢★★★：**財利運勢頗佳的本月，投資求財宜順勢調節納財。職場運勢也十分理想，該展現專業的時候就別猶豫。人脈磁場十分活絡，靜下心能量更容易提升。

四月 **運勢：**白羊之月，三星會相，相位頗佳，這是個幸運的月份。不過火土金的會相卻釋放負能，攸關重大金額的重要抉擇，能緩則緩，否則也需要專家幫忙。

五月 **運勢★★：**四星匯聚在貴人宮，釋放吉利的能量，財利運勢獲得提升，投資求財宜以電子類股為主。事業運勢的運作，宜以專業為主，該堅持的品質不應該讓步。

六月 **運勢★：**木火會相，貴人能量格外豐沛，人脈能量的積累就從抱

持學習的思維開始。財利運勢頗佳，投資求財有利可圖，商務買賣和業務行銷辛苦有成。

七月 **運勢★★**：木星釋放吉利能量，有一種紅鸞星動的感覺，此種現象尤以男士們為甚。機會磁場也格外活絡，舊雨新知都成為白羊們的貴人。職場事務，隨緣就好。

八月 **運勢★**：工作運勢頗優，除了務實，最大的重點在於找到自我價值。財利、愛情與人脈磁場陷入不協調狀態，不妨將生活焦點擺放在工作創造更大的價值上。

九月 **運勢**：今年的第三次水逆，要告訴白羊們的是，外在人脈的經營宜多費心思。重要的合作案件洽談，按部就班，不疾不徐，審慎為宜。職場事務，一動不如一靜。

十月 **運勢★**：人脈能量是本月的生命主軸，因此廣結善緣的策略宜大力執行。不過健康磁場出現需要提醒的訊息，關鍵重點是不宜過於消耗體力，以免影響免疫力。

十一月 **運勢**：金錢宮的衝剋，要提醒白羊們的是謹慎理財。另外出遠門這件事也需要多規劃，能免則免。幸運的是，貴人磁場十分明顯，工作職場上的助益不小。

十二月 **運勢★★**：謹言慎行，尤其是知心話更有必要留在心中。即便如此，廣結善緣的策略不宜停歇，尤其是陌生人脈的開發。事業運勢需要專業的付出，機會來了宜勇於承擔。

金牛座（04月20日～05月21日）

掌握風向，順勢而為

幸運顏色：白色、粉綠與紅色。
幸運物　：鈦金礦石、雛菊。
幸運數字：6、4、5、9及其組合。
吉利方位：正南方、東南方及西北方。

逆風才有機會高飛。這是個順勢而為的流年，順的是大環境的勢，掌握住風向，調整好起飛的角度。萬事俱備，只欠東風，風來了，啟航了！

◆ 流年運勢 ◆

有一萬個想轉變的念頭，不過再強烈的意願，也擋不住疫情的干擾，而不得不向現實低頭。這個時候一種傳統說法值得參考，那就是「寧可曲中求，不可直中取」，就現代的說法那就是「借力使力少費力」。

在命運的磁場中，往往有一股強大的能量驅使著我們往前邁進，這股強大的能量如果沒有給予適當修飾，將會成為影響命運正向發展的負能，不過很難察覺，只知道這是個值得嘗試的機會點，而在命理學術中被稱為「亮點」。金牛們的2022年「亮點」在於力挽狂瀾的「轉變」，容易發生在事業領域。

一種策略讓「亮點」的負能優化成為正能量，此種策略雖然不明顯，然而只要掌握關鍵點再給予適當運作，整體運勢極容易出現豁然開朗式的變化，而這個關鍵點就是命運學術中的「幸運點」。而金牛們2022年的幸運點是「廣結善緣」和「順勢而為」。但最大的「幸運點」，還是在於擁有可以相互支援的團隊。接下來就是「聚人」，那就是把對的人和能量夠強的人聚在自己身邊，然後展開雙翅歡迎逆風。

◆ 事業運勢 ◆

　　三星匯聚，對於金牛們的事業運勢而言是糾結的，有一種無奈叫做想轉變卻礙於現實面而欲振乏力。不過金牛們無須氣餒，因為一股能量來自於大環境，因此隨著市場的腳步以亦步亦趨的方式，反而容易獲得順勢而為的成效。換言之，轉換跑道不宜操之過急，企業的轉變則需要由外而內的能量。

◆ 財利運勢 ◆

　　偏財星和正財星進行最甜蜜的會合，對於金牛們2022年的財利運勢而言，這是一種極大的喜訊。就天星角度來說，這是一種機會財，也是一種人眾財，如果以股票市場來闡釋，則是「順市而為」，亦即順著市場趨勢運作。投資標的則以消費型電子股、原物料和健康概念股為佳。

◆ 情緣運勢 ◆

　　疫情讓許多人的婚宴給耽誤了，不過也開啟線上婚禮的風潮。對於金牛座而言，此種風潮也適用於今年的情緣運勢上。如此說來，金牛們的愛情姻緣運勢是理想的，只因為有了太歲星的祝福。單身適婚金牛，雖然無法群聚，不過線上聚會一樣有效果。已有伴侶的金牛，另一半是大貴人喔！

◆ 健康運勢 ◆

　　健康星的磁場並不理想，金牛們的2022恐怕是需要多留意養生保健的訊息。面對疫情需要的是防護，而不是畏懼，否則最容易受到傷害是內心的壓力。由於健康星與事業有關，因此千萬別讓今天的疲勞成為明天的過勞。2022年5月、10月和11月是金牛們最需要養護健康的時間。

金牛座流月運勢

運勢較為理想的月份：1、3、4、6、8與10月。

一月 **運勢★：**一年之計在於春，規劃是為了提供自己明確的方向、策略和節奏，這是個絕佳執行規劃的時機點。任何重要變動，都不應該出現在這個月份。

二月 **運勢：**水逆於4日結束，重要抉擇與行動的禁忌也結束。雖然如此，事業上的變動，還是稍安勿躁為宜。貴人磁場十分明顯，除了廣結善緣，還有珍惜學習的機會。

三月 **運勢★：**新事業的啟動，還是重要決策的擬定，最好在12日之前，否則就要等到愚人節之後。貴人磁場依舊明顯，三人行必有我師的思維宜持續。愛情運勢值得祝福。

四月 **運勢★：**本月的主軸磁場依舊在事業職場，而關鍵開運策略在於如何紓解壓力。而最為理想的化解之道是學習，尤其是轉型的專業學習。7日至14日之間宜謹慎理財。

五月 **運勢：**大好大壞是一種現象，而策略對了自然容易展現大好。機會出現了，先掌握再說。財利運勢容易在10日之後出現變數，投資求財逢高調節後，靜觀其變為宜。

六月 **運勢★★：**雨過天晴，尤其是財利運勢的部份。貴人的能量十分

明顯，開運就從和專家互動與學習開始。事業運勢穩步成長。家庭運勢佳，移徙、入宅、修造和購屋都值得順勢進行。

七月 **運勢：**這是個需要謹慎以對的月份。財利的部份，宜提防19日之後的變數，該獲利的上半月宜適時執行。謹言慎行則是人際互動的部份。幸運的是，事業運作十分穩定。

八月 **運勢★★★：**這是個陽光普照的月份。家庭運勢頗佳，大利重要事務的執行，購屋置產尤佳。人際關係能量也十分正向，貴人明顯，合作運亦佳。只不過，職場上的壓力需要舒緩。

九月 **運勢：**投資求財是本月最需要留意的部份，多觀察再行動為宜。工作運勢雖佳，不過重要事務與抉擇宜在上旬完成。人多的地方不要去，人多嘴雜。姻緣運勢佳，是成家的好時機。

十月 **運勢★：**廣結善緣，目的不僅是交朋友，而是紓解運勢中的負能，並且啟動轉變的正能量。無招勝有招，雖然大環境不理想，不過金牛們的轉運卻可信手拈來，那是因為順勢而為。

十一月 **運勢：**火逆出現在金牛們的帑錢宮，謹慎理財自然是需要的提醒，不過職場上傳統正向的堅持卻也不宜或缺。佛渡有緣人，親人最難渡，這個月的貴人在遠方。

十二月 **運勢：**年終之際，該收回來的款項，宜積極執行。職場上運勢佳，依照系統行事，可以化解價值觀與財務的衝擊。偏財運勢十分理想，業務行銷值得努力，也值得買彩券試試手氣。

借力使力，翱翔起飛

幸運顏色：大地色、紅色與芥末綠。

幸運物：瑪瑙、硃砂與玫瑰花。

幸運數字：2、5、9、4 及其組合。

吉利方位：東南方、正南方與西南方。

好運起飛了！就像一只翱翔的紙鳶，調整好方向，卯足勁起飛吧！至於速度和時程的控制，以及策略的運用，就請雙子們仔細閱讀本文……

◆ 流年運勢 ◆

紙鳶翱翔，這是個幸運的流年。由於紙鳶翱翔的方向，也是事業發展的方向，因此2022年的努力焦點也值得專注在事業上。太歲星更集結冥王星和神祕點的能量，將雙子們的事業宮照亮，而太歲星的轉變特質，也透露出雙子們該為自己的事業進行轉型的時候。不過值得提醒的是，由於太歲星將於7月28日之後開始逆行，11月23日之後才會恢復順行，因此任何重要抉擇與變動都有必要避開這個時段。

由於太歲星也是雙子們的外在能量星，同時也是雙子們的夥伴星與伴侶星，因此如何廣結善緣與借力使力成為今年的另一個旺運策略。只不過，在流年的關鍵星盤中合作的磁場是不協調的，代表可以學習，可以借力使力，就是不適合進行情感性和衝動型的事業合作。

健康是雙子們今年的另一門重要課題。對於此種訊息雙子們也許會和疫情做上聯想，這個方面自然是需要的，只不過絕大多數的功課還是會在於心境上。其實這是個有必要學會放下的流年，學習十分重要，更重要的是不要有太多壓力的學習，才有機會讓成長的元素充分發揮。

◆ 事業運勢 ◆

三星匯聚在事業宮，這是什麼樣的榮景！再加上這三顆匯聚的行星又擔任紙鳶的領頭行星，雙子們要發了！對於朝九晚五雙子來說，這樣的流年代表的是順心如意；高位階雙子，則容易再攀高峰；企業雙子，事業體可望如願轉型。這是個好流年，而旺運重點在於設妥目標。

◆ 財利運勢 ◆

事業運如意，財利運勢想必也是理想。答案是正確的。只不過對於投資求財而言，恐怕就不是如此。訂妥目標，設妥大區間，宜長線投資，短線衝刺很可怕的。幸運的是，由於商務偏財運勢頗佳，而其特點在於創造獨特性的商品。另外值得一提的是，健康方面的商品值得投資。

◆ 情緣運勢 ◆

職場和商場得意，情場應該也會順遂才行。不過可惜的是，愛情行星的磁場並不理想，再加上火星和天王星的刑剋，面對愛情事務有必要謹慎再謹慎，先保護好自己再說。已有伴侶的雙子則大大恭喜，因為另一半不但是貴人，同時也是讓事業更順心的關鍵能量來源。單身適婚，先專心事業為宜。

◆ 健康運勢 ◆

健康宮位磁場不佳，而健康星也在釋放負能，這是個需要多用心照顧好健康的流年。從天星角度來說，雙子們的最佳養生策略就是放下，放下事業執著，騰出時間放空，否則最直接影響的就是免疫力的下降。另外值得提醒的是，出遠門除了要提高防護等級外，交通安全也需要用心思。

雙子座流月運勢

運勢較為理想的月份：1、2、4、5、6與10月。

一月 **運勢★★：** 偏財運勢十分理想，值得加把勁努力為農曆過年營造大紅包。火月會相，影響事業宮磁場，合作案件稍安勿躁為宜。事業運勢頗佳，安排學習的課程，蛻變翻身就在今年。

二月 **運勢★★：** 偏財氣勢超猛的本月，業務和商務雙子該多加幾把勁，有機會享受豐收。事業運勢也十分理想，除了自己的點子外，借力使力才是成功的要件。

三月 **運勢：** 偏財運和事業運持續理想，不過卻多了不宜輕舉妄動的警訊，尤其是異想天開的異動。三星匯聚，但引動的是負能，合作案件的洽商，婚姻事務皆宜稍安勿躁。

四月 **運勢★：** 人脈磁場頗優的本月，大利廣結善緣。不過7日至14之間，恐怕就要謹言慎行。職場運勢雖然理想，不過重大異動之舉還是三思為宜。

五月 **運勢★★：** 職場運勢持續順遂，四星同時匯聚的機會並不多，機會來了就該掌握。10日開始至6月3日守護星逆行，眼見為憑將會是這個時候的好運殺手。

六月 **運勢★★★：** 雙子之月開始，一年一度當家作主，再加上木星

的祝福，雙子是本月幸運星座榜首。貴人星尤其明顯，聆聽成為理想的溝通策略。

七月 **運勢：** 本月諸事不宜，最起碼上半月是如此。尤其是職場的重要事務與抉擇，稍安勿躁為宜。當機會看起來不像機會的時候，以靜制動是理想策略。

八月 **運勢：** 回歸現實面是實事求是的好態度，許多事情真的不能憑著感覺走。木星開始逆行，人脈磁場中就別再分小人貴人，歡喜結緣才是重點。

九月 **運勢：** 火星雙子，將會耗上7個月。家庭重要事務，避開本月為宜。愛情事務宜速戰速決，9月中之後將事不從心。人云亦云是本月大忌，但先入為主更糟糕。

十月 **運勢★：** 把格局放大，把生活焦點擺放在助人上面，火星的焦慮容易獲得化解。愛情事務隨緣就好，投資求財忌諱與市場對作。偏財運勢佳，商務買賣有利可圖。

十一月 **運勢：** 火星開始逆行，雙子除了謹慎行事之外，最需要妥善管理的將會是情緒。慢半拍是開運佳策良方，關鍵時刻來個深呼吸吧！木星逆行，重要抉擇事緩則圓。

十二月 **運勢：** 火星繼續逆行，金水會相衝剋火星，職場事務和夥伴們之間的溝通，需要多一些耐心。學習成長的磁場頗為活絡，整體一年的收穫為精彩的2023做好準備。

巨蟹座（06月21日～07月22日）

設妥目標 喜悅蛻變

幸運顏色：白色、紫色、黃色。
幸運物 ：黃水晶、虎眼石、向日葵。
幸運數字：7、6、9、2及其組合。
吉利方位：正西方、正南方、西南方。

人生一定要這樣過嗎？好好唸書找到好工作，賺到錢，結婚生子，然後等到孩子長大，然後再看孩子結婚生子……。今年有個蛻變的機會，巨蟹們想知道嗎？

◆ 流年運勢 ◆

　　這是個典型的蛻變年，並且是千載難逢的機會，巨蟹們一定要牢牢掌握。在流年關鍵星盤中出現一只翱翔的紙鳶，紙鳶的頭指向巨蟹們的事業領域，而觸動的行星卻落在學習與成長的位置。三星匯聚，並且由太歲星領頭，如此大陣仗還真是少見。恭喜巨蟹們，脫胎換骨的時間到了，設妥目標，擬定計畫，人生的轉變就要開始。辛苦了多年的巨蟹們，終於要像一切準備就緒，只要揚起帆就啟航的大船，生命喜悅的蛻變就要開始了！

　　紙鳶的左翼是人脈磁場的鼓動，由天王星擔任，代表這一年的人脈有機會出現革命性的改變，巨蟹們就主動打破物以類聚的魔咒，換個角度看世界，換個方式結識不同領域的朋友，就從安排學習的環境開始。

　　紙鳶的右翼是為親近的夥伴，工作上的夥伴、生活上的伴侶，以及和自己密切互動的貴人，由冥王星主掌。整體而言，這是一種貴人明顯的寫照，尊重另一半和事業夥伴因為是自己的貴人，同時也用學習的心情廣結善緣，尤其是能力比自己強大的對象。紙鳶的尾翼在家庭位置，代表事業運和家運以正向的方式相互呼應。

◆ 事業運勢 ◆

面向陽光，就見不到陰暗。巨蟹們2022年事業運勢是陽光普照的。不過先決條件是，巨蟹們必須調整好策略，明白自己的航向與目標。接下來需要夥伴的幫忙，換言之這不會是個單打獨鬥的年。工作運勢也同樣理想，不過有任何計畫請記得在7月底之前完成，否則恐怕就會夜長夢多。

◆ 財利運勢 ◆

正財運的來源在於工作，可以看到穩定的訊息。偏財運並不理想，對於商務買賣巨蟹而言，今年最大的忌諱就是重大改變，避免不熟悉的標的。由此可知，對於財運來說，穩健中營造財利為宜，商務行銷也以務實為宜。股市投資求財，宜以能源概念股、電子高科技、通訊、網路雲端概念股為財富標的。

◆ 情緣運勢 ◆

今年的運勢主軸在事業和家庭，對於愛情與婚姻而言，恐怕就需要妥善管理時間與情緒。首先是投資名言，那就是「不要把所有的雞蛋，都放在一個籃子裡」，其次是美好的愛情需要付出，第一個關鍵就是時間，即是婚姻也不應該宅在家中。最後是，妥善管理心情，心情好，愛情運就會好。

◆ 健康運勢 ◆

健康運以上半年為佳，8月開始要留意別給自己太大的壓力。雖然整體而言，健康運是理想的，不過對於與人近距離接觸的時候，還是需要多一些自我保護的機制。口罩戴好戴滿，隨時洗手，最好減少外食的機率。整體而言，提升自我免疫系統才是根本之道，就從維持正常作息開始。

巨蟹座流月運勢

運勢較為理想的月份：1、2、3、4、5、8與10月。

一月 **運勢★**：新年到，好運到。四星連結的天象出現在貴人宮位，保持謙虛學習的心，這是積累貴人籌碼的大好機會。不過重要合作案件最好在月中水逆之前定案。

二月 **運勢★★**：學習是本月的開運重點，開卷有益，專業學習更佳。偏財運氣雖佳，但要提防不理性消費行為。貴人能量超強，聊天都有可能談出商機來。

三月 **運勢★**：貴人磁場持續旺，不過合作事務的洽商最好在12日之前定案，否則就要等到愚人節之後。有意思的是，婚姻事務也是如此。職場轉換跑道本月有利。

四月 **運勢★★**：事業運勢十分理想，轉換跑道的機會依舊存在。貴人磁場也依舊明顯，本月大利廣結善緣。偏財運勢並不理想，投資求財逢高調節規避風險先。

五月 **運勢★**：職場異動能量持續，對於企業家和自營商巨蟹而言，此種異動指的應該會是企業或事業轉型成功。由於貴人磁場依舊理想，因此任何抉擇不應該單刀獨行。

六月 **運勢**：本月的開運主軸在於心境的轉變，由於心想事成能量超

強，願有多大，好運就有多旺。因此先管理好心情，再處理事情。投資求財，13日至月底要謹慎。

七月 **運勢：** 巨蟹之月，展開序幕。一年一度的當家作主，磁場並不理想，本月一動不如一靜。職場上的重要抉擇，也是如此。愛情事務，不處理是最好的處理。

八月 **運勢★★：** 人多的地方不要去，人多雖然機會也多，不過是非更多。整體而言，這是個吉利的月份，只要巨蟹們管好內在事務，寧可獨善其身，也不宜兼善天下。

九月 **運勢：** 謹慎理財，投資求財不應該盲從，多觀察，少行動。10日至下月2日水逆期間，家庭重要事務避之為宜。愛情運勢頗優，不過重點卻在多愛自己一點。

十月 **運勢★★：** 心境功課，依舊存在。心樂諸事皆樂，心安事事安，開運之前先開心。本月大忌是預設立場，即便胸有成竹，也有必要視而不見。貴人運依舊理想，從聆聽開始。

十一月 **運勢：** 火逆十分罕見，兩年一次，今年的火逆並不友善，多了海王星和太歲星的刑剋。對於巨蟹座而言，需要提防的是暴怒型的大外走，開運一字之訣在於靜。

十二月 **運勢：** 火逆持續，健康磁場受到影響，歲末年終趕業績，別累壞身子。守護星磁場不佳，重大變革稍安勿躁為宜。貴人星依舊明顯，聽聽專家的意見。

獅子座（07月23日～08月23日）

偏財旺盛，好運連連

幸運顏色：紫色、金黃色與白色。
幸運物 ：虎眼石、綠幽靈、紫羅蘭。
幸運數字：6、7、9、0及其組合。
吉利方位：正南方、正西方、西北方。

這是個好年冬。對於獅子座而言，這一年即便沒有好運連連，也會是倉滿廩盈的豐收年。如果用對策略，好運連連是可以期待的。

◆ 流年運勢 ◆

　　偏財應該是每個人的最愛吧！因此偏財運勢旺盛的流年，也應該會是人人稱羨的對象吧！沒錯！這就是獅子們2022年整體運勢的寫照。不過值得一提的是，如果把「偏財」只當成「偏財」，那就太浪費這一年好運勢的真髓。因為「偏財」的位置磁場，其實真正的意義與能量在於「資源」。

　　三星聚會在獅子們的資源宮位，海王星、太歲星與水星的交織，借力使力的合作現象成為獅子們2022年的旺運焦點。對於經商的獅子而言，這一年有機會大發利市，不過生意模式或經營型態有必要隨著市場趨勢而改變。對於一般獅子來說，尊重身邊的同事或夥伴將會是聚集好運能量的佳策良方。換個角度來說，生活上的伴侶與事業上的夥伴都是獅子們的貴人，懂得尊重就有機會享受回饋。

　　不過還是需要提醒的是，流年關鍵星盤中太陰星的磁場並不理想，對於獅子座而言，代表的是內心世界的障礙務必消除，去年的陰霾不應該帶到今年。家庭的重要事務，計畫好再行動，購屋置產這件事最好獲得專家們的協助，尤其是好風水的挑選，買到好價錢屋宅不難，難的是找到磁場旺旺的風水好宅。

◆ 事業運勢 ◆

如何轉型，是目前市場上的普遍聲音。獅子們也不例外，不過轉型成功的條件必須架構在原有紮實的基底上，以及借力使力的合作系統。換言之，南轅北轍的轉變是危險的。工作運勢頗佳，其原因在於專業條件足夠，因此提升專業能量是今年的重要課題。另外就是力量的借助，只因為夥伴的資源豐盛。

◆ 財利運勢 ◆

偏財運勢十分旺盛，這是個值得為商務努力的流年。由於旺運的關鍵行星是太歲星，因此商務規劃宜膽大心細，方向對了勇往直前，重點在於隨時優化。投資求財方面，宜以國際財金動向為依歸，股與債的比重，最好是債多於股。金融、成長型、穿戴型、雲端、通訊……概念標的，是獅子們的流年財富標的。

◆ 情緣運勢 ◆

已有伴侶的獅子們，要大大恭喜，只因為獅子們擁有一位財神爺在身邊。對於戀愛事務而言，這是個需要多用一些智慧的流年，也是值得加快腳步修成正果的一年。單身適婚獅子們，值得將生活焦點擺放在事業上，還有投資理財上，以免辜負太歲星的美意。家庭重要事務，宜審慎以對。

◆ 健康運勢 ◆

居家環境的整理十分重要，除了整潔、陽光充足、空氣流通外，風水布局也不宜忽略，因為整體好運勢與好健康磁場都源自於此。不過值得注意的是，由於工作運勢頗佳，因此有必要提防過於忙碌，而養大隱形健康殺手。平日對於飲食均衡這件事，有必要多費心思，只因為營養夠免疫系統才會更強。

獅子座流月運勢

運勢較為理想的月份：1、2、3、4、5、6與8月。

一月 **運勢★★：** 新年新希望，工作上的好運勢就是一種新的期待。對於新年度的事業想要轉型的獅子，這是個值得著手規劃的時候。木星剛剛移位，夥伴之間的溝通需要耐心。

二月 **運勢★：** 工作運勢持續理想，機會出現就該積極掌握。水逆雖然結束，不過夥伴之間的溝通還是需要耐心。偏財運勢頗佳，代表資源相當豐富，借力使力順勢營造事業成就。

三月 **運勢★★：** 偏財運勢依舊理想，投資求財有利可圖，商務買賣順勢加碼，業務行銷業績可期。職場事務不宜有太多的依賴，夥伴願意幫忙心存感激，反之也絕非理所當然。

四月 **運勢★★：** 學會聆聽你將無往不利。三星匯聚，需要的因應對策是心平氣和，因為逆耳的肯定是忠言。偏財運勢依舊理想，行動磁場也十分活絡，這是集結資源創造奇蹟的寫照。

五月 **運勢★：** 執著是因為理想正確，目標明確。不過執著中如多了創新，過程中應該會更加有趣。偏財資源依舊理想，貴人能量也值得掌握。21日開始的水逆，告訴獅子們人多的地方宜謹言慎行。

六月 **運勢★：** 貴人能量十分明顯，而讓這股能量出現的策略就是學

習。抱持學習的心，工作與事業都將順遂如意。值得提醒的是，沒有必要隨意向人透露心情。

七月 **運勢：**這是個關鍵的月份，只因為太歲星將於28日開始逆行。一動不如一靜，以靜制動，除了工作，還有人脈的互動。健康磁場並不理想，學會放下，壓力容易獲得舒緩。

八月 **運勢★★：**獅子之月，一年一次的當家作主，太歲星稍來祝福，這是個幸運的月份。雖然職場壓力頗盛，不過貴人還是提供舒緩能量。財運佳，購屋置產獅子值得進場。

九月 **運勢：**事業上的重要抉擇，宜經過多方參考再執行。愛情運勢並不理想，其化解之道在於良好的溝通。家庭運勢十分理想，整理環境、搬家與購屋置產都值得進行。

十月 **運勢：**不過用別人的錯，來懲罰自己。向負面的聲音說謝謝，向正面的鼓勵說感恩。學會抽離，獅子們才有機會做該做的事。愛情運勢頗優，用愛接觸世界應該會很有趣。

十一月 **運勢：**運用專業默默耕耘，獅子們同樣容易走上預期的成功之路。人多的地方不要去，讓耳根子清淨一些，日子會比較好過。兩年一次的火逆，考驗的是獅子的耐心。

十二月 **運勢：**專業加上務實，成功有機會拾級而上。歲末年終，多一些自省，少一點檢討。感謝夥伴的合作與付出，有感恩就有力量。愛情需要關心的滋潤。

未雨綢繆，謹慎理財

幸運顏色：乳白、黃色與大地色。
幸運物 ：鈦晶、硨磲、茉莉花。
幸運數字：2、6、7、8及其組合。
吉利方位：正西方、西南方、西北方。

主動出擊，掌握住的是自己的世界，否則你只是為人作嫁。這是個充滿變數的流年，掌握「世界快，心則慢」的思維，把變化球掌握在手中，你就是贏家。

◆ 流年運勢 ◆

雙女座的結構就是兩個女生同時存在的結合，類似雙子座的特質，西洋星座稱之為「處女座」，而「陶文古東方星座」則延續《果老星宗》的傳統元素，稱之為「雙女座」。從兩個相同的元素同時存在的角度觀察，「雙女座」是變動星座，也是容易擁有雙重性格的星座。

雙女座的守護星是水星，2022年的三次逆行，分別是1月14日至2月4日，宜留意健康與工作運勢變化；5月10日至6月3日，事業重大抉擇與變動稍安勿躁為宜；9月10日至10月2日，則宜謹慎理財。

8月20日之後火星將會進入雙女們的事業領域，雙女們將會發現機會豐沛，上半年的規劃與執行容易在這個時候展現成果，不過所有的定案必須在進入10月之前敲定或完成，否則後續的變數很難掌握。火星兩年一次的逆行將於10月30日上場，並且出現在雙女們的事業運勢領域，一直到11月23日才恢復順行，相信「陶文古東方星座」推演的雙女們，可以將職場上的重要抉擇與行動做好未雨綢繆的動作。除了這些，整體而言，這是個貴人明顯的好流年，而雙女們的貴人就在自己身邊，自己的眼前。

◆ 事業運勢 ◆

　　以不變應萬變，還是以善變應萬變。世事隨時都在改變，2022年雙女座的事業運勢，一共大約有6個月的時間都在變動。因此與其感嘆變化無常，不如主動以善變來應萬變，「當無法改變世界的時候，改變自己」，應該是此種意涵。而變得更好的要件就是學習後的行動。

◆ 財利運勢 ◆

　　辛苦有成不但是工作運的寫照，同時也是財利運勢與收入的流年訊息。不過值得一提的是，這一年並不適宜再用默默耕耘的方式經營財運，而是以專業合作的方式管理財務，換個角度來說，那就是委請專家運作。投資求財，宜以成長型基金、政策型、ETF……概念標的為主。

◆ 情緣運勢 ◆

　　雙女雖然是變動星座，不過對於情緣的思維卻是穩定的。進入2022年此種穩定與堅持的性格更容易凸顯，單身適婚雙女不妨多參加類似同學會的活動，因為理想對象容易出現在舊識圈。已有伴侶的雙女，則宜珍惜另一半的能量，偏財運的好壞盡在其心情起伏中。這是個紅鸞星動年，該成家的就別再猶豫。

◆ 健康運勢 ◆

　　健康是最大的財富，因此管理好健康就是管理好財富。雙女們的金錢星在2022年的關鍵星盤中出現在健康領域，而相位又不理想，這是一種警訊，那就是寧可花錢買健康，也不要因為健康而被迫花錢。後疫情時代，疫苗接種不遲疑，健康檢查也需要事先安排，有備無患，高枕無憂。

雙女座流月運勢

運勢較為理想的月份：1、2、3、4、8與12月。

一月 **運勢★★**：新年新希望，愛情運勢就出現此種訊息。三星匯聚，有愛人的多愛一些，有伴侶的可以更甜蜜，其餘雙女則讓生活更精彩。投資求財運勢頗為理想，逢高納財為先。

二月 **運勢★**：紅鸞星動的感覺是美好的，如果水到渠成再猶豫實在沒有道理。合作的機會值得掌握。人生充滿學習的機會，就怕無動於衷。健康磁場需要用心調整，沒事多休息。

三月 **運勢★★**：紅鸞吉星持續照拂，獲得正向感應的不只是婚姻，還有合作事業的部份。尤其是投資宮位上的機會能量，十分值得掌握。工作運勢雖佳，但千萬別累壞。

四月 **運勢★**：貴人能量依舊明顯，幸運之神將好的磁場託付給雙女們的好友和伴侶。偏財運勢也十分理想，商務買賣與業務行銷都值得努力。工作運勢亦佳，只是健康運的關心還是需要提醒。

五月 **運勢**：水逆是本月雙女們的功課，本月不宜出遠門，重要抉擇與出發稍安勿躁為宜。工作運勢十分理想，四星連結氣勢強，即便是默默耕耘，也容易獲得肯定與預期中的收穫。

六月 **運勢**：偏財運勢頗優，投資求財有利可圖，商務買賣與業務行銷

也值得加把勁。而事業上的借力使力策略，也有機會上場。愛情事務隨緣就好。職場事務開朗是開運撇步。

七月 **運勢：** 投資求財宜謹慎，就線論線務實為上。工作方面雖有壓力，不過只要按圖索驥，依照計畫執行，對於事業運勢反而有加分的作用。人多的地方不要去，行事低調為宜。

八月 **運勢★★：** 創新的能量十分強勁，對於工作運具有極大的助益。貴人能量也十分明顯，這是個具有心想事成能量的月份。偏財運勢也十分顯眼，投資求財順勢為宜。值得買張彩券試試手氣。

九月 **運勢：** 雙女之月，火星的負能，事業上合作關係的互動需要格外謹慎。本月不利遠行。健康運不佳，宜留意養生事宜。預設立場是忌諱，實事求是為宜。貴人能量強，從分享心情開始。

十月 **運勢：** 謹慎理財是本月需要的提醒。合作關係仍舊需要更多的耐心。面對另一半或事業夥伴雙女們要學會聆聽與關懷。家庭運十分理想，重要事務包括購屋，宜順勢執行。

十一月 **運勢：** 一動不如一靜，即便是機會，也有必要多觀察，這是職場事務的寫照。本月不利遠行，也需要留意交通安全。健康星磁場不佳，除了需要多休息外，心情的調適也十分重要。

十二月 **運勢★：** 事緩則圓，家庭重要事務尤其如此。太歲星祝福，愛情運勢佳。工作如意順遂，只因按部就班，步步為營。合作能量不佳，合作事務慢慢商談為宜。職場事務，人緩則安。

掌握目標，事半功倍

幸運顏色：咖啡色、藍色、白色。
幸運物：紅瑪瑙、木化石、蝴蝶蘭。
幸運數字：7、9、2、0及其組合。
吉利方位：正西方、正北方、東北方。

雖然不等於心想事成，不過肯定會是事半功倍。這是個值得用心規劃，用力執行與落實的流年。只不過上半年和下半年的運勢截然不同，就在7月28日這一天分野。

◆ 流年運勢 ◆

穩健主義是會計領域的大學問。對於2022年的天秤座運勢而言，流年關鍵星盤所呈現的就是「穩健」，並且快速成長。這不只是對於工作運勢的形容，而是整體運勢的趨勢寫照。整個風向看起來是亦步亦趨，實際上卻是調整好目標，這將會是個事半功倍的流年。

整體而言，想要讓整體運勢獲得有效的提升，就必須從工作領域的節奏與心態著手，那就是掌握目標堅持到底，也就是所謂的「築夢踏實」。工作節奏如此，生活步調也會是如此。

值得提醒的是，天秤們的上半年運勢與下半年截然不同。因此讓運勢起飛的助跑線不宜太長，第一季努力規劃步局，第二季一到就該翱翔天際，第三季收成準備轉型，第四季著陸後靜觀其變，等待下一次的起飛。

換個角度來說，這是個順心如意的辛苦有成年。如此這般的流年恐怕是絕無僅有，因為太歲星引領方向，水星呼朋引伴找貴人，神祕點集結翱翔的資源籌碼，冥王星是天秤們的流年光明燈。試想如此這般的天星結構，這不是千載難逢，什麼才是千載難逢！值得一提的是，飛得多高和企圖心有關，而續航力有多強則和是否充分學習有關。

◆ 事業運勢 ◆

你是在做工作，還是在做事業？如果有人在2022年這麼問天秤座，那麼最好的答案是做工作。因為工作順，事業也就旺。原因很簡單喔！三星匯聚在天秤座的工作領域，並且引動築夢踏實的成就。換言之，2022年天秤們有必要用逐步踏實的方式面對自己的事業，企業家如此，一般天秤也是如此。

◆ 財利運勢 ◆

逐步踏實也適合運用在投資求財上，成熟的投資人都知道，投資市場的贏家都是贏在紀律，因此即便是商務買賣也需要穩健的模式。整體來說，2022年的偏財運要比正財運強，不過投機式的理財法，並不會提升財富指數。電子股是理想標的，不過最好是和傳統或醫學結合的電子概念股。

◆ 情緣運勢 ◆

愛情的能量雖然豐富，不過磁場並不理想，那是一種還沒有準備好的感覺。不過對於已經箭在弦上的天秤們而言，最好的策略就是先構築幸福舒適的愛巢，給自己安定的窩，也給伴侶恬適的巢。事實上，天秤們有必要用戀愛的心情與方式迎接2022年，先愛自己才能更愛別人。

◆ 健康運勢 ◆

健康運勢頗為理想，這是個適宜調養身體提升免疫力的流年。後疫情時代，維持健康靠的就是自體免疫力。值得提醒的是，由於健康星將於7月底進入逆行，一直到11月底，足足有4個月的時間，會讓天秤們感到不適，有必要提早預防。壓力是無形殺手，尤其是財務上的壓力更可怕。

天秤座流月運勢

運勢較為理想的月份：1、2、3、5、6與8月。

一月 **運勢★：** 在祝福新年快樂的同時，新年新希望就是構築個幸福的家，而執行的好時機在上半月。健康磁場並不理想，漸少外出的機率，即便勢在必行也需要做好防疫的功課。

二月 **運勢★★：** 家庭運勢持續理想，大利重要事務的執行，也有利購屋置產。愛情方面需要多一些耐心。投資市場的運作也需要謹慎。工作運勢頗佳，許多機會需要主動爭取。

三月 **運勢★★：** 如果你是不動產行業天秤，這個月的業績有機會暴漲。而正巧需要購屋的天秤們，有機會買到好宅，價錢也會很漂亮。工作運十分理想，努力就會得到回饋。

四月 **運勢：** 愛情雖然不會是生活的全部，不過當愛情運不順的時候，卻很容易影響全部的生活。暫時擱下是理想的策略，生活也是如此，放得下，才會拿得起。

五月 **運勢★★：** 工作運勢頗佳，四星連結氣勢磅礡，冥王星與神祕點的祝福，再怎麼都要拼一拼。偏財運亦佳，三星匯聚日月同輝，投資求財膽大心細，有利可圖。10日水逆，不宜出遠門。

六月 **運勢★：** 心動就該馬上行動，貴人相挺的本月，機會出現就該積

極掌握。紅鸞星釋放出幸福的能量，修成正果的時機到了。合作的磁場不宜忽略，尤其是站在巨人肩膀的機會。

七月 **運勢：** 成功的人情商指數不會太低，也不會隨著別人的負能起舞，周遭負面的聲音聽聽就好。事業宮位的異動，稍安勿躁為宜。健康磁場頗低，多休息，多補充營養。

八月 **運勢★：** 木星進入逆行狀態，雖然釋放合相磁場，不過人脈互動還是別會錯意才好。事業運勢頗佳，務實面對事務是穩健的重要元素。商務買賣，收受款項宜謹慎。

九月 **運勢：** 重話輕說，急話慢說，氣話別說，壞話不說，好話多說。這是天秤們本月趨吉避凶口訣，尤其是在10日至下月2日水逆期間。正財運頗順，大利添置儲蓄型標的。

十月 **運勢：** 與其說以靜制動，不如說謀定而後動，不鳴則已，一鳴驚人。攘外安內，千古不變，家庭磁場頗佳，必要的時候不妨暫時回到「心中」那個家，容易豁然開朗。

十一月 **運勢：** 火逆對於天秤們的影響頗鉅，重要事務按兵不動為宜。讓思緒與情緒獲得冷靜，如此健康才會獲得助益。投資求財宜謹慎，靜觀其變，等盤勢明朗再進場不遲。

十二月 **運勢：** 火逆持續，避免出遠門的機會，交通安全也需要多一分心思，另外重要抉擇與事業上的異動，也稍安勿躁為宜。換個角度看世界，將獲得不一樣的美麗風景。

組建團隊，集結能量

幸運顏色：琥珀棕、象牙白、海水藍。
幸運物：香珀、月光石、黃金百合。
幸運數字：2、1、6、7 及其組合。
吉利方位：正北方、西北方、西南方。

如果可以和全世界談戀愛，你就是最大的贏家。眞的！這是個讓自己充滿愛的流年。只因爲太歲星所提供的生命能量，是快樂和分享快樂，並且主動付出……

◆ 流年運勢 ◆

心在哪裡，世界就在哪裡。老掉牙的說法，卻很寫實將天蠍們的2022流年運勢充分說明。2022年的關鍵星盤中，出現的一只翱翔的紙鳶，太歲星引導紙鳶翱翔，就在天蠍們創造和挑戰的位置，這裡面充滿了愛、歡樂與未來。天蠍們的守護星擔任紙鳶的右翼，扮演廣結善緣整合貴人能量的角色，而神祕點是紙鳶的左翼，位於夥伴的位置，這些天星組合在在說明獨樂樂不如眾樂樂的意涵。至於紙鳶的尾巴，則是流年關鍵星盤的天頂，同時也是天蠍們的團隊位置。

從前面詳述的這些組合看來，天蠍們在2022年有一個神聖的使命，那就是主動幫助別人，因為幫助別人就是幫助自己。不過並不是以單打獨鬥的方式進行，而是以組建團隊的方式，集結大家的能量讓世界更美麗。

值得提醒的是，這是一種志願，而落實這個志願的態度要認真，要誠懇，只因為你認真別人才會當真，最重要的是速度要快。只因為在2022年整體大環境容易出現下半年否變的現象，而這個分野點就在7月28日。

總而言之，天蠍們的2022是幸運的、喜悅的，更是精彩的。而透過幫助別人，可以讓這些幸運、喜悅和精彩獲得年度性的延續。

◆ 事業運勢 ◆

如果你有願望，就該讓願望實現。而再偉大的成就，也是由落實虛幻的夢想開始。對於天蠍座而言，也是如此。不過成功的最重要關鍵還是在於堅持到底，從天蠍們工作宮位上的磁場透露出一抹虎頭蛇尾的訊息看來，天蠍們恐怕還要將事業的夢想換成可以逐步完成的節奏，讓自己有機會逐步實現。

◆ 財利運勢 ◆

小財靠儉，大財靠險。天蠍們的金錢星在2022年的關鍵星盤中，出現在投資求財的宮位上，並且以活躍的方式大放異彩，再加上偏財星也聚集在一起。此種現象合乎「富貴險中求」的說法，也就是說這一年的投資求財運是理想的。短線靈活是策略，通路、網通、航運與生活概念股值得關注。

◆ 情緣運勢 ◆

愛情是美麗的，愛情是甜美的。因此當愛情運理想的時候相信，生活中的事物也會跟著美好起來。對於天蠍座而言，2022就是這樣的流年。情緣的確有機會如魚得水，不過生活上的精彩也將會五彩繽紛。因此有愛人的天蠍，認真讓愛情開花，其餘大蠍則努力讓生活添加火花。

◆ 健康運勢 ◆

過勞是健康的無形殺手。不過許多過勞的人，不認為自己過勞，反而覺得自己過得很充實，孰不知每天一點一滴積累的勞累，也在無聲無息的啃蝕健康。對於2022年天蠍座的健康運勢而言，就出現此種訊息。當天蠍們發覺這個世界不會因為誰缺席而停止運轉的時候，相信一定會有所醒悟。

天蠍座流月運勢

運勢較為理想的月份：1、3、5、11與12月。

一月 **運勢★：** 新年大快樂，歡喜迎新年，因為2022是天蠍們的開運年。本月的主軸運勢在於家庭，因此大利搬家、入宅、修造與購屋置產。愛情運雖然理想，不過重要事務與抉擇最好在月中前完成。

二月 **運勢：** 水逆結束，太歲星的祝福，讓天蠍們的愛情再度增溫。投資求財運亦佳，順勢納財為先。人脈磁場十分理想，大利廣結善緣，就從祝賀農曆新年開始。

三月 **運勢★：** 人關係磁場十分詭異，小人和貴人在一線之間，正向思維是化小人為貴人的撇步。家庭重要事務，稍安勿躁為宜。愛情運勢佳，投資求財有利可圖。

四月 **運勢：** 貴人能量獲得提升，向能力強大的人學習，讓自己變得更強大。愛情運勢依舊理想，水到渠成的機會宜掌握。工作運也理想，表現的機會出現就該牢牢掌握。

五月 **運勢★★：** 貴人運依舊超強。愛情運也同樣理想。投資求財該加碼就別猶豫。家庭的重要事務，還是緩一緩為宜。學習是為了讓生命更精彩，尤其是專業的學習。

六月 **運勢：** 偏財運雖佳，但不能揮霍，記住「不見兔子不撒鷹」，標

的和計畫對了再出手。健康磁場出現烏雲，覺得不適就該立即就醫。永遠記住人與人之間沒有所謂的理所當然。

七月 **運勢：**工作壓力頗大，但需要舒緩和妥善管理，出現大暴走就很難收尾，同時也不利健康。這是個以靜制動的月份，休息是為了走更遠的路，好好休息就對了。

八月 **運勢：**木逆開始，不過只要順勢，一切平安。倒是職場事務恐怕就要更細心應對，首先要將所有的負面從自己的內心世界清除。人脈磁場頗佳，生活焦點不妨擺放在認識新朋友上。

九月 **運勢：**這是今年第三次水逆，發生在天蠍們的心智領域，避免預設立場和懷疑自己是本月的重要課題。健康磁場不佳，沒事多休息。謹慎理財，尤其是偏財投資事務。

十月 **運勢：**謹慎理財的自我提醒宜持續。貴人磁場出現轉機，喜悅交朋友，好人緣從聆聽開始。健康的維護，依舊是本月的重要課題。家庭與愛情事務都需要喘口氣再說。

十一月 **運勢★：**天蠍之月，一年一次的主事，金水拱照，只可惜相位不佳，對於自己人的互動需要更多的耐心。貴人磁場依舊理想，安排專業學習可望積累更多貴人籌碼。

十二月 **運勢★★：**歲末年終，與其忙著趕業績，不妨用心在把業務款項收好。投資求財宜謹慎，等待是一種美德。家庭運勢頗佳，風水布局好財運自然好，而購置房產事務也值得進行。

人馬座（射手座）11月22日～12月21日

振翅高飛，創造未來

幸運顏色：咖啡色、藍色與百合白。
幸運物　：琥珀、藍晶石、天竺葵。
幸運數字：8、1、6、0及其組合。
吉利方位：西北方、正北方與東北方。

疫情一定會過去，而疫情期間的努力一定會留下來。對人馬座而言，這是個由內到外轉變型態的流年，牽一髮動全身，這個正向轉變的密碼就出現在人馬們的家裡。

◆ 流年運勢 ◆

　　家和萬事興，千古不變。如此說的原因，不是因為人馬們2022年的家運不理想，而是家庭運勢在2022年成為主軸好運勢的代表。換個角度來說，人馬們如果想要擁有幸運的好流年，就必須從營造家庭好運勢開始。居家風水自然重要，相關布局策略請閱讀「風水造吉篇」。而家人密切和諧的互動，讓互為貴人的能量在家裡可以向量式的放大。

　　值得一提的是，家的概念指的並不只是居家，還有內心世界的家。換言之，2022年是人馬們調整心情重新出發的流年。不論去年的壓力有多大，不管因為疫情生活受到多大的影響，讓心情與生活步調回到可以調適的原點，人馬們將會獲得一個嶄新的自己。

　　對於團隊而言也是如此，由於向心力凝聚出現極大的助益，因此不妨來個建立團隊共識的機會，在太歲星的呵護與水星的助威下，團隊有機會在經過調整後重新起飛。對於企業或管理階層人馬而言，這一年的努力有機會創造未來12年的如意順遂，絕對值得努力執行。不過還是要提醒的是，由於太歲星將於7月28日進入逆行，接下來的8月又要面臨火星歷時6個月的逆行，因此任何想法與策略都要在7月底之前完成。

◆ 事業運勢 ◆

如何轉型是後疫情時代的市場氣氛。對於人馬座而言,也是如此。工作場域的改革能量十分明顯,也獲得太歲星的加持,掌握時機,順應市場的改變是值得鼓勵的。只不過這麼重要的事務,恐怕不會是說變就變,而是需要通盤的規劃與執行節奏。這其中最大的忌諱就是人云亦云,不應該因為人的因素而改變。

◆ 財利運勢 ◆

投資市場上沒有專家,只有贏家和輸家。對於人馬座而言,2022年是個以策略成為贏家的投資人。儲蓄型、資產型、傳統型概念是人馬們值得參考的賺錢標的。事實上,這一年最大的財富容易出現在不動產上頭,如果你是房仲業者,那就要大大恭禧。其餘人馬,則有必要強化居家的旺財風水。

◆ 情緣運勢 ◆

每一年的流年關鍵星盤中太陽都會進駐人馬座的愛情宮位,而此種現象也會解釋為什麼人馬座總是對於新鮮的事情好奇,卻又很快喜新厭舊的原因。今年的太陽能量格外不同,因為多了冥王星與天頂星的祝福,除了愛情運勢超好外,財利和事業運都將如意順遂。因此這一年的旺運祕訣就是內心充滿著愛。

◆ 健康運勢 ◆

健康從疫情開始到現在都是生活上的重點功課。這是個需要打破舊有習慣的流年,與後疫情時代的生活方式十分吻合,那就是不要為了刺激與嘗鮮,而忽略自我衛生防護的措施。另外,最重要的健康養護宜從居家開始,每天早上9點至11點記得將除濕機打開,既旺風水,又提升居家的防護力。

人馬座流月運勢

運勢較為理想的月份：1、2、3、4、5與6月。

一月 **運勢★★**：新年迎接新氣息，最好的策略就是走出戶外，從倒數計時開始，進入人群迎接貴人氣息。財利運勢頗優，逢高調節獲利為先，為了是避免月中之後因為水逆而引起的變數。

二月 **運勢★**：水逆結束，財利運勢依舊理想，除了有利營造股市區間財利外，工作收入也容易獲得提升，最重要的是家庭運勢同時理想，因此大利房地產購買計畫的落實。

三月 **運勢★★**：為家庭營造更多幸福的計畫值得繼續進行。人脈磁場十分優渥，廣結善緣是功課之一，合作創造事業機會則是課題之二。愛情的幸福指數十分神祕，主動出擊是致勝關鍵。

四月 **運勢★**：愛情運勢升溫，上個月的努力終於出現好消息。投資求財運勢亦佳，短線獲利的機會宜掌握。財利運勢依舊理想，展現專業創造自己價值。健康運需要多一點呵護。

五月 **運勢★★**：家庭運勢依舊理想，四星連結的能量是可觀的，家庭重要事務的執行，宜積極掌握此好能量。添置不動產正巧在計畫中，就該趁機展開行動。健康運依舊需要多用心。

六月 **運勢★**：當愛情出現開花結果機會的時候，全新呵護目標的達

成，千萬不要因為家族的瑣碎小聲音給耽誤。工作出現壓力，想想收入和專業價值，壓力有機會轉化成成長的能量。

七月 **運勢：**火星引起的負能，告訴人馬們的是，該放下的就不要再執著。這是個磁場紊亂之月，唯一穩健的能量來自於朋友，代表聽聽不相干第三者的聲音，瓶頸容易迎刃而解。

八月 **運勢：**健康微恙，就該就醫。心情壓力，就該舒緩。工作遇到瓶頸，就該找到有愛心的專業夥伴聊聊。幸運的是，財利運勢是理想的，法人動向是觀察重點。

九月 **運勢：**一動不如一靜，尤其是工作上的異動，最好避開本月。值得提醒的還有交通安全方面的事務。愛情運勢最需要的是耐住性子的溝通，就從靜靜的聆聽開始。

十月 **運勢：**天底下最大的誤會，就是會錯情。木海逆會，火星刑剋的本月，許多事情需要再次求證，以免會錯意。愛情如此，事業上的重要事務更是如此。

十一月 **運勢：**謹言慎行是一種防範，而不要隨意吐露心情，才是避免負能壓力的佳策良方。財利運勢依舊理想，除了展現專業，投資求財宜以權值股為主，購屋置產之舉值得繼續執行。

十二月 **運勢：**人馬之月，一年一次的當家作主，卻因為海王星的刑剋，而出現無力感。火星逆行的衝剋，夥伴們的溝通需要更多的耐心。家庭重要事務，稍安勿躁為宜。

山羊座（摩羯座）12月21日～01月20日

謙虛面對，積極學習

幸運顏色：藍色、橘色與白色。
幸運物　：葡萄石、木化石與長壽菊。
幸運數字：8、4、3、1及其組合。
吉利方位：正東方、東北方、正北方。

人脈就是錢脈，真的嗎？嚴格說起來，應該是有效的人脈，才會是真正的錢脈。2022年山羊們的主軸運勢就在於人脈，那要如何讓人脈成為錢脈呢？

◆ 流年運勢 ◆

　　有關係，就沒關係；沒關係，就有關係。不在繞口令，而是現實生活中的現實。有道是「朝中有人好辦事」，這是源自《左傳》的典故，實際上就是如此，「朝中有人」不但可以事半功倍，甚至都有可能扭轉乾坤。據說，春秋時代晉國權卿趙盾，就是因為「朝中有人」而讓自己和整體家族的命運改變。

　　2022年的流年關鍵星盤中，山羊們的人際關係宮位是熱鬧的，也是非常活絡而吉利的。代表的是，這一年的貴人磁場將會超級豐沛，而此種豐沛的貴人磁場就在山羊們的身邊。換個角度來說，想要擁有一整年的好運氣，就從謙虛面對身邊的每一個人開始，而抱持學習的心，實踐「三人行必有我師」的口諭，讓磁場更有機會滋潤生命。

　　前述現象都是2022年流年關鍵星盤中的天星特質，一只翱翔的紙鳶在山羊們的朋友場域星空飛揚，命宮上的冥王星和讓生命更精彩的神祕點，同時釋放鼓動紙鳶高飛的能量。由此看來，山羊們的星座特質成為舒展流年好運勢的元素。換個角度來說，這是個山羊座可以做真正自己的流年。

◆ 事業運勢 ◆

冥王星釋放的貴氣，正巧是2022年事業運勢的營養劑，而神祕的貴人一直在身邊施展援手，2022年的事業運勢即便沒有錦上添花，也會是如魚得水。不過值得提醒的是，由於整個理想的運勢中，仍需要鼓動的能源，那就是學習。生活上的學習，專業上的進修，唯有不斷補充新能力，才有機會讓事業運也和紙鳶一樣翱翔。

◆ 財利運勢 ◆

正財能量活絡的今年，山羊們的收入將會傾向於穩定，因此這一年的投資求財有必要以穩健的標的為佳，ETF或儲蓄型概念股值得投資。另外，抗通膨的標的如原物料股、能源、金融、REIIS以及多重資產的平衡基金值得關注，而出口原物料國家的概念基金也值得投資。對於個人需求而言，不動產值得留意。

◆ 情緣運勢 ◆

愛情和現實面總是存在著落差，而這也是山羊們2022年愛情事務的迷思。換個接地氣的話，那就是愛情與麵包有如魚與熊掌，很難兼得。事實上，這是2022年山羊們獨特的星座現象。換個角度來說，對於對象的選擇有必要以冥王星的規格嚴選，同時也嚴格要求自己要專情。

◆ 健康運勢 ◆

後疫情時代，即便環境的緊張氣氛已然舒緩，對於山羊座而言，2022還是謹慎面對為宜。這一年有4個時段更需要謹慎以對，那就是1月14日至2月4日，5月10日至6月3日，9月10日至10月2日，以及12月19日至年底。這些都是要格外維護健康星的時段，而美好的心情也需要呵護。

山羊座流月運勢

運勢較為理想的月份：1、2、3、4、5、6與8。

一月 運勢★：一年之計在於春，山羊之月，開啟一年的運勢序幕。從四星連結而磁場又理想看來，山羊們容易擁有個幸運的流年。14日開始水逆，健康的維護也隨之重要起來。

二月 運勢★★：好運勢持續，對於身邊出現的機會，不妨多瞭解一些。愛情運勢亦佳，單身適婚山羊有機會透過朋友結束單身。唯一要提醒的是財利運勢部份，投資求財宜慎選標的。

三月 運勢★：貴人磁場活絡的本月，雖然因為疫情而無法太多的面對面，但線上的交友反而更容易無遠弗屆。即便自己不是直播主，也建議偶而上線直播一下，據說這是現代人開運的祕訣。

四月 運勢★★：貴人磁場持續明顯，因此廣結善緣的動作不宜停歇。家庭運勢頗佳，家庭重要事務值得進行，而家人們之間的溝通會更順暢。工作運亦佳，代表的是辛苦有成。

五月 運勢★★：人脈磁場持續美好，四星連結的眾星拱照，這是個幸運的月份。透過朋友的互助與學習，山羊們的專業容易被肯定，而愛情運勢也如意。謹慎理財是必須的提醒。

六月 運勢★：工作運勢頗佳的本月，職場上的事務有機會以步步為營

的方式逐步完成。對於具挑戰性的任務值得勇敢承接，因為機會難得，同時也具有自我成長的超能量。

七月 **運勢**：家不是講道理的地方，家人之間的互動更沒有所謂的「理所當然」。家庭重要事務，稍安勿躁為宜。幸運的是，山羊們的貴人能量依舊明顯，而貴人的掌握則從隨緣開始。

八月 **運勢★★**：冥王星開啟好運勢，貴人能量相呼應，再加上異動的現象也浮現，這是個值得思考是否要轉換跑道的月份。愛情運勢不佳，美麗的邂逅，未必就是正緣的相遇。

九月 **運勢**：職場運勢和家庭運勢都陷入負能泥淖中，而化解裡外夾攻尷尬的是工作領域的火星，代表宜將生活重心擺放在工作上。投資運勢十分不理想，逢高減碼，等待機會。

十月 **運勢**：健康磁場並不理想，減少外出群聚的機會，是保護自己的首要功課。工作上的壓力需要獲得舒緩。規劃未來讓執行有節奏可循，則是另一門功課。

十一月 **運勢**：火星開始逆行，兩年一次，今年發生在山羊們的健康宮位，修身養性成為這個時候的重要功課。另一個負能出現在金錢宮，而最需要避免的就是情緒性消費的機會。

十二月 **運勢**：心情事務沒有必要隨意透露，只因為真正解決問題的最後還是自己。工作上的運作先鞏固價值再說，這是提升自信心的初步。財利頗為理想，就線論線，有利可圖。

三星匯聚，幸運流年

幸運顏色：黃色、紫色與秋香綠。
幸運物　：綠幽靈、黑曜石與七里香。
幸運數字：3、2、8、1及其組合。
吉利方位：西南方、正東方及東北方。

恭喜寶瓶，賀喜寶瓶！這是個幸運的流年，這其中最亮眼的是財利與家庭運勢。這代表有機會因為房地產發跡，購屋置產的好流年，成家立業的好流年。

◆ 流年運勢 ◆

　　幸運指數破表的今年，寶瓶是個讓人羨慕的星座。三星匯聚，這是一種幸運而幸福的寫照，不論是貴人領域的磁場，還是家庭能量的展現，都值得寶瓶們為這個流年卯足勁打拼。

　　2022年的關鍵星盤是一只翱翔的紙鳶，由太歲星和水星引導飛翔，而直接受惠的就是寶瓶們的財利運勢。此種天星結構就好像財神爺給了一個夢想型的允諾，只要寶瓶們展現專業，名與利之間出現輪轉式的運作。企業家們宜提升公司的形象，一般寶瓶要強化自己的專業能量，而考取證照將會是最快速的捷徑，先有名，財利自然如影隨形。

　　千載難逢的成家立業年，因此構築幸福的窩，家人之間的互動多一些關懷，家具布局不妨更換個新模式，新年新氣象，這些都是營造好風水的初步。財運好，家庭運也同步理想，除非寶瓶們不想動或沒有預算，否則這將會是個理想的購屋置產好流年。非常值得寶瓶們珍惜！

　　雖然事業運頗優，而貴人運也強，不過職場上的壓力仍需要舒緩，否則容易成為危害健康的無形殺手。

◆ 事業運勢 ◆

有一種幸運，叫做莫名的順遂，這是2022年寶瓶座的工作運勢寫照。有一種貴人，總是默默支持，但不知道在哪裡，這樣的貴人被稱為「暗貴人」，2022年一直在寶瓶們的身邊。而把這些幸運的能量串起來的元素是謙虛，還有尊重，借力使力，以及讓身邊的人知道你在向他學習。

◆ 財利運勢 ◆

被財神爺扒著不放是什麼樣的感覺！水星、海王星和太歲星連結並照拂寶瓶座的金錢宮，這是在告訴寶瓶們要發了是嗎？是的！這是個財運亨通的流年，尤其大利儲蓄型的投資策略，有意購買房產的寶瓶座，更是有機會覓得吉屋，而價錢也會十分漂亮。原物料、資產、金融……大型股市財利標的。

◆ 情緣運勢 ◆

情緣行星有太歲星的祝福，2022年的情緣運勢自然是理想，因此有愛人的寶瓶值得多付出一些，而單身適婚寶瓶則接受朋友的介紹，有機會獲得紅鸞吉星的祝福。2022年一共有四次水逆，水逆期間的愛情事務小心呵護為宜。婚姻星磁場頗佳，活潑的相處模式容易提高幸福指數。

◆ 健康運勢 ◆

整體運勢是幸運的，不過健康磁場卻是需要呵護。尤其是身擔重任或企業老闆和主管都需要留意，那就是千萬不要過勞，也千萬不要把今天的壓力留給明天。心情的調適很重要，學會抽離與換位思考，讓身體和心靈都有喘息的時間。值得一提的是，偶爾示弱是無礙尊嚴的。

寶瓶座流月運勢

運勢較為理想的月份：2、3、4、5、11與12。

一月 **運勢**：今年的第一次水逆，出現在本命宮位，時間是14日至下月4日，除了謹言慎行，重要抉擇與異動也需要緩一緩。不過貴人能量明顯，專家朋友的意見值得參考。

二月 **運勢★**：日月拱照的本月，按理說應該是吉利非常，只可惜對於重要事務變動而言，還是需要謹慎規避。財利運勢頗優，投資理財有利可圖。貴人能量依舊理想，新朋友是新貴人。

三月 **運勢★★**：水月輝映，基本運勢是理想的，不過重要變動之舉依舊是忌諱。財利運勢依舊理想，尤其是家庭運與之共振，這是執行重要家務的好時機，購屋置產就是其中之一。

四月 **運勢★★**：金火土三星巧聚相輝映，清晨西南方的奇妙天象值得觀賞。寶瓶們的幸運依舊理想，而重要異動還是稍安勿躁。財利運勢與人脈能量超級理想，生意買賣，投資求財，財利豐碩。

五月 **運勢★**：今年的第二次水逆，出現在愛情宮位，時間從10日至下月3日，愛情事務隨緣就好。股市投資宜謹慎規避風險。家庭運勢十分理想，財利運勢亦佳，穩健型是理想標的。

六月 **運勢**：壓力是成長的原動力，不過本月的壓力一定要給予舒緩，

只因為土逆出現在本命位置,時間從4日一直到10月22日。安排近郊散心,約知心朋友聊天,即便網聊也具有舒緩效果。

七月 **運勢:**太歲星將於28日進入逆行,而火星也是放負能,這是個謹言慎行的月份。健康的養護是本月主軸課題,別過勞。幸運的是,愛情運勢依舊甜蜜,投資求財短線運作有利可圖。

八月 **運勢:**木逆持續,交友宜謹慎,合作對象也需要再三審核。工作運勢頗佳,默默耕耘之際,記得把突如其來的點子記錄下來,日後有機會成為銀子。家庭重要事務,稍安勿躁為宜。

九月 **運勢:**今年的第三次水逆,出現在驛馬宮,時間從10日至下月2日,這個時候不宜出遠門,交通安全也需要多用心思。投資求財方面,該獲利的有必要逐步落實。

十月 **運勢:**兩年一次的火逆,出現在愛情宮位,時間從30日至明年1月12日,這段期間除了用心呵護愛情外,情緒管理才是重點,否則傷害的是金錢與商務大計。

十一月 **運勢★:**金水拱月的吉祥天象,出現在事業宮,務實是需要的策略,即便唯利是圖也無妨,情感式管理是大忌諱。再不然就是就事論事,回歸專業與系統,屆時只管系統,無須理會人的問題。

十二月 **運勢★:**今年的第四次水逆,出現在群體宮位上,時間由19日至明年1月18日,請記得「人多的地方不要去」。勢在必行,則以聆聽、微笑與讚美為主要回應,容易積累不同類型的貴人籌碼。

運勢飛漲，獨占鰲頭

幸運顏色：香蕉黃，葡萄紫、香瓜綠。
幸運物　：虎眼石、菫青石、車前草。
幸運數字：5、3、8、0及其組合。
吉利方位：東北方、正東方、東南方。

叫我第一名！是的。2022年運勢最好的榜首星座，就是雙魚座。不過隨著行星的轉移，雙魚們恐怕要學會速戰速決的策略，只因為守護星在今年的快速變化……

◆ 流年運勢 ◆

　　叫我第一名！是的。2022年運勢最好的榜首星座，就是雙魚座。不過此種好運勢維持到5月11日之後，開始出現轉移，在7月28日之後至11月23日之前，則必須做好風險管控的事務。

　　2022年的關鍵星盤是少見的現象，那就是一只翱翔的紙鳶出現在星盤中，此種天星現象2013年出現過。2022年引領紙鳶的領頭行星是雙魚們的守護星與家庭星。又出現在雙魚們的本命宮位，請看官們說說看，這不是第一名，什麼叫做第一名！事實上，太歲星其實就是雙魚們的傳統守護星，這顆具有雙重意義的行星，動向觀察自然十分重要。首先在流年關鍵星盤就已經讓雙魚們獨占鰲頭，再加上紙鳶效應更是大大加分，不過幾個關鍵時間雙魚們要牢牢記住。5月11日守護星將會進入金錢宮，屆時好磁場會出現在財運上。7月28日守護星將會開始逆行，這個時候該提醒的是謹慎理財。10月28日守護星以逆行的姿態回到雙魚座，一直到11月23日之前，任何攸關日後運勢旺衰的抉擇，都應該遵守事緩則圓的原則。以上可以說是「細批流年」，雙魚們購買本書可以說是物超所值。

◆ 事業運勢 ◆

衝！衝！衝！衝事業，很多時候不是說想衝就能衝，更何況在後疫情時代，如果不是事業星氣勢理想，恐怕很難提出往前衝的建議。雙魚們的事業星，也是本命守護星，同時也是驛馬星，所以這將會是個最容易為事業奔波的一年。這一年既利創業的衝，也適合轉型的動，重點務必擬定方向與時程。

◆ 財利運勢 ◆

無巧不成書。正財星和偏財星在流年關鍵星盤上聚會的機率並不大，而此種天象就開啟雙魚們的2022年財利運勢。整體而言，這是個創型的流年，財利運勢也是如此。不過這其中最大的忌諱就是合夥，尤其是自己不在行的合夥。投資求財而言，成長型基金、原油、金融與營建類型是理想的財利標的。

◆ 情緣運勢 ◆

太歲星照拂的流年，在傳統命理學術上就是所謂的「紅鸞星動年」，而雙魚們的2022上半年就是這樣的幸福流年。單身適婚雙魚，美麗的邂逅有機會出現在傳統的聚會上。即便是疫情期間，還是有人在線上舉行婚禮，因此箭在弦上的雙魚，有必要讓水到渠成的好事在5月11日之前發生。

◆ 健康運勢 ◆

磁場活絡，事業能量也超強，雖然這是個值得衝衝衝的流年，不過在衝事業和實現夢想的同時，健康的養護恐怕不宜忽略。2022年雙魚們的健康星出現一種過度消耗的現象，就用一句台灣諺語「賺錢有數，健康要顧」。就星盤角度觀察，發覺呼吸與飲食系統最需要用心保養。

雙魚座流月運勢

運勢較為理想的月份：1、2、3、4、5與6月。

一月 **運勢★**：新年新希望，願有多大，力量就有多強。心想事成的能量正巧在這個時候獲得開啟，請為未來的這一年許下心願，設下目標。值得一提的是，水逆14日開始上場，因此許願愈早愈好。

二月 **運勢★**：新年氣息依舊濃厚，尤其是農曆過年也在本月，而太歲星也在呼朋引伴釋放吉利能量，這是個超級幸運的月份。這個月最好的旺運策略就是祝賀新年，即便是不喜歡的對象也要祝福。

三月 **運勢★★**：雙魚之月，一年一次的當家作主，又有太歲星的會相加持，此種超幸運的天星景象12年才會出現一次，值得用力掌握。貴人氣息十分明顯，廣結善緣的動作宜持續。

四月 **運勢★★**：幸運的太歲星繼續釋放幸運的能量，貴人的能量也持續不減，主動參加高等級的人脈團隊，讓貴人磁場獲得升等的機會。財利運勢亦佳，投資求財以短線靈活為主要策略。

五月 **運勢★**：今年第二次水逆出現在本月10日至下月3日，雙魚們的家庭位置，代表與家運有關的重要事務稍安勿躁為宜。不過四星連結在雙魚座，整體運勢依舊是吉利的，人脈連結宜持續。

六月 **運勢★**：土逆出現在本月4日至10月22日之間，對於雙魚而言，

這是個容易預設立場時間點。太歲星已進入金錢宮，由於合相家庭能量，因此家庭事務包括購屋置產在內都容易順遂如意。

七月 運勢：謹慎理財的建議值得參考，尤其是28日之後的木星逆行，容易因為錯誤的慷慨而遭受損失。事緩則圓，切莫因為急於一時，而錯失良機與商機。家庭運勢依舊理想，購屋置產依舊值得進行。

八月 運勢：木逆期間謹慎行事為宜，只因為木星就是雙魚們的守護星，再美好的投資機會也需要審慎再審慎。各人自掃門前雪，休管他人瓦上霜，少管閒事為宜。愛情運勢頗佳，愛是本月開運重要元素。

九月 運勢：今年第三次水逆出現在本月10日至下月2日，由於太歲星的衝剋，本月宜謹慎理財，商務買賣收款要勤快。健康磁場並不理想，沒事少出門。事業有貴人相助，要釋放感恩的訊息。

十月 運勢：決戰境外是一種自保的策略，在海王星與守護星雙雙受到衝擊的本月，十分需要。建議將生活焦點擺放在廣結善緣上，勤於參加社團活動，即便是線上的讀書會都有助益。

十一月 運勢：火星兩年逆行一次，時間10月30日至明年1月12日，位置家庭位置。除了要耐住性子與家人互動外，重要事務也宜避開這段期間。廣結善緣的功課宜繼續，為明年積累貴人籌碼。

十二月 運勢：今年的第四次水逆，時間19日至明年1月12日，影響家務和職場事務。直白說，職場的事務處理宜大氣，莫為小事傷腦筋。這是個需要妥善管理情緒的月份，心開運就開。

2022虎年開財運賺大錢

作　　者－陶文
主　　編－林菁菁
企劃主任－葉蘭芳
封面設計－楊珮琪、林采薇
封面攝影－吻仔魚攝影工房李國輝
內頁設計－李宜芝

第五編輯部總監－梁芳春
董 事 長－趙政岷
出 版 者－時報文化出版企業股份有限公司
　　　　　　108019　臺北市和平西路3段240號3樓
　　　　　　發行專線／（02）2306-6842
　　　　　　讀者服務專線／0800-231-705、（02）2304-7103
　　　　　　讀者服務傳真／（02）2304-6858
　　　　　　郵撥／1934-4724時報文化出版公司
　　　　　　信箱／10899臺北華江橋郵局第99信箱
時報悅讀網－http://www.readingtimes.com.tw
法律顧問－理律法律事務所 陳長文律師、李念祖律師
印　　刷－勁達印刷有限公司
初版一刷－2021年11月12日
定　　價－新臺幣499元
（缺頁或破損的書，請寄回更換）

2022虎年開財運賺大錢/陶文著. -- 初版. -- 臺北市：時報文化出版企業
　股份有限公司, 2021.11
　　面；　公分

ISBN 978-957-13-9514-2(平裝)

1.生肖 2.改運法

293.1　　　　　　　　　　　　　　　　110015959

ISBN 978-957-13-9514-2
Printed in Taiwan